好妈妈不吼不叫教孩子

刘艳——著

http://www.hustp.com

中国·武汉

图书在版编目(CIP)数据

好妈妈不吼不叫教孩子 / 刘艳著. --武汉：华中科技大学出版社，2019.9
ISBN 978-7-5680-5258-0

Ⅰ.①好… Ⅱ.①刘… Ⅲ.①家庭教育 Ⅳ.①G78

中国版本图书馆 CIP 数据核字(2019)第 100712 号

好妈妈不吼不叫教孩子　　　　　　　　　　　　　　　　刘　艳 著
Haomama Buhoubujiao Jiao Haizi

策划编辑：亢博剑
责任编辑：康　艳
封面设计：刘红刚
责任校对：阮　敏
责任监印：朱　玢

出版发行：华中科技大学出版社（中国·武汉）　　　电话：（027）81321913
　　　　　武汉市东湖新技术开发区华工科技园　　　邮编：430223

印　　刷：北京市艺辉印刷有限公司
开　　本：710mm×1000mm　1/16
印　　张：16.5
字　　数：250 千字
版　　次：2019 年 9 月第 1 版第 1 次印刷
定　　价：39.80 元

本书若有印装质量问题，请向出版社营销中心调换
全国免费服务热线：400-6679-118　　竭诚为您服务
版权所有　侵权必究

前　言

再乖的孩子，也难免有不听话的时候，这个时候，妈妈是漠然视之、措手无策，还是怒目相向，抑或大吼大叫……不少妈妈会对孩子这样说："别逼我发火啊！""跟你说过多少遍了！""你这是怎么回事啊！""真不长记性！"……很显然，孩子的教育问题让许多妈妈头痛不已。

孩子有些时候可爱得像个天使，给妈妈带来无尽的乐趣；有些时候又像个"小恶魔"，出口成"脏"、丢三落四、拖拉磨蹭、粗心马虎、厌学逃学、沉迷游戏、自私叛逆、虚荣攀比，这些都在考验妈妈的耐心。即使妈妈苦口婆心地给孩子讲道理，孩子却充耳不闻，屡教不改。最后，当妈妈的失望和烦躁交织在一起时，便开启了吼叫模式。

吼叫的妈妈一般有两种，一种是性格比较急躁，遇事压不住火，教育孩子缺乏耐心；一种是性格比较温和，但在孩子一而再再而三的挑战下，脾气终于爆发，似乎突然变成了另外一个人。这也难怪，现代社会压力巨大，妈妈们通常需要兼顾工作与家务，忙得晕头转向，在长时间担负超出自己承受能力的压力时，一旦孩子淘气或犯错，妈妈们便容易情绪失控。

但是，妈妈们也要意识到，吼叫只会让孩子被妈妈的怒气吓到，而不会让孩子认识到自己的错误。更关键的是，它会影响孩子一生的心理健康。经常被吼叫的孩子，脾气会变得暴躁，做事没有耐心、优柔寡断、懦弱、没有主见，而且内心普遍缺乏安全感，性格孤僻，自卑敏感，不善交际。相信这不是妈妈们想要看到的结果。

经验告诉我们，带着情绪解决不了任何问题。因为真正具有权力的人，不是吼得最大声的人，而是说话最有分量的人。史蒂芬·柯维在《高效能家庭的七个习惯》中写道："我们习惯于对家人大喊大叫，指责而不去理解，命令而不去沟通，学不会道谢，也不懂得道歉。我们都觉得自己已经为家庭生活付出了太多，却忽视了最关键的一点——有效沟通。"其实，孩子有时在妈妈面前耍性子，是信赖妈妈的一种表现。妈妈要接纳孩子的行为，给孩子一个宣泄的出口，待孩子心情平复后再给予正确引导。妈妈要明白，品学兼优的孩子不是靠大吼大叫培养出来的，而是妈妈倾尽自己的爱，以身作则树榜样，再持之以恒用心教导的结果。

为了把妈妈们从痛苦中解救出来，本书以全新的理念，追根溯源，总结了好妈妈不吼不叫教孩子的方式方法。不吼不叫教孩子，可以帮助父母与孩子建立良好的亲子关系，从而走进孩子的内心世界，了解他们在成长过程中的需求和烦恼；不吼不叫教孩子，可以让孩子感受到妈妈的爱意和积极正面的期许；不吼不叫教孩子，可以营造和谐的家庭氛围……通过阅读本书，妈妈们可以知道自己在孩子的日常生活和学习中，应该如何避免吼叫，以对孩子的关怀和爱为基础，与孩子建立良好的沟通关系，让孩子在享受更多自由的同时，更好地培养其独立性和自我管理能力。相信在妈妈们的用心培养下，孩子会具有健全的人格、成熟的心智，从而拥有美好的未来。

本书在编辑的过程中，得到了林学华、张慧丹、林春姣、李小美、曹阳、庞欢、孙长胜、李泽民、龚四国、林红姣、向丽、曹驰、曹琨、林望姣、王凯军、林双兰、李本国、林华姣、李鹏、林丽姣、陈艳、陈胜、陈艳威、林喆远、翟晓斐、刘屹松、丁艳丽、王志利、赵艳霞、张杨玲、陈怡祥、林中华、曹茜、刘永兵、林小桂等不少同仁的支持和帮助！在此特表示深切的谢意。

目录 | Contents

第一章　停止吼叫，别让家成为伤害孩子的地方
——认真探寻吼叫的根源

1. 别让吼叫成为孩子一生的阴影 / 002
2. 孩子的过激行为，引发妈妈情绪"大地震" / 006
3. 吼叫过后悔的是自己，伤的是孩子 / 009
4. 教育最大的困境，是妈妈的坏脾气 / 012
5. 有话好好说，有理不在声高 / 015
6. 妈妈肯认错，孩子愿改变 / 018
7. 良好的家庭氛围，胜过好学校 / 021

第二章　停止吼叫，建立家庭秩序
——规则是结束混乱的前提

1. 立家规，让孩子有"法"可依 / 026
2. 让孩子大声说出自己的想法 / 029
3. 教育孩子，家人的态度要保持一致 / 033
4. 给予孩子适当的选择权 / 037
5. 父母立威信要把握好分寸 / 040
6. 对孩子的不合理要求大声说"不" / 043
7. 拒绝恐吓，爱才是教养的主题 / 046

第三章　停止吼叫，有话好好说
——良好的亲子关系是顺畅沟通的基础

1. 别拿忙碌当借口，多抽时间陪伴孩子 / 050
2. 怎样听，孩子才肯说 / 053
3. 向孩子敞开心扉，成为孩子的朋友 / 056
4. 多一些鼓励，少一些唠叨 / 059
5. 多一分耐心，少一分责备 / 062
6. 冷静应对亲子冲突 / 065

第四章　停止吼叫，践行赏识教育

——好孩子不是吼出来的，而是夸出来的

1. 不要戴着有色眼镜去看孩子 / 070
2. 告诉孩子要知错必改 / 074
3. 从细微处发现孩子的优点 / 077
4. 保护孩子的好奇心，唤醒其求知欲 / 080
5. 带领孩子一起去探索世界 / 083
6. 好孩子都是夸出来的 / 086
7. 教育要"寓教于乐" / 089

第五章　停止吼叫，接纳孩子的负面情绪

——给孩子的情绪找个出口

1. 多理解，给予孩子抱怨的机会 / 092
2. 不压制，给孩子的愤怒一个出口 / 095
3. 情绪无好坏，关键在于学会调节 / 098
4. 不搞"一言堂"，允许孩子争辩 / 102
5. 孩子有烦恼，倾听完胜一切技巧 / 104
6. 接纳孩子的情绪，让孩子大声哭出来 / 106

第六章　停止吼叫，帮助孩子端正言行举止
——孩子良好的言行举止要靠自律

1. 理性对待孩子撒谎 / 110
2. 告诉孩子诚信的重要性 / 113
3. 妈妈越催促，孩子越磨蹭 / 116
4. 贪玩是孩子的天性 / 120
5. 帮助孩子改正打人的坏习惯 / 123
6. 正确对待孩子的调皮捣蛋 / 126
7. 避免孩子成为别人眼中的"熊孩子" / 129
8. 让孩子不再"出口成脏" / 132
9. 帮助孩子改掉丢三落四的坏习惯 / 134

第七章　停止吼叫，帮助孩子成为受欢迎的人
——培养高情商的孩子

1. 让孩子学会换位思考 / 138
2. 让孩子拥有一颗感恩之心 / 141
3. 帮助孩子学会分享 / 145
4. 有礼貌的人处处受欢迎 / 148
5. 让责任感在孩子心中扎根 / 151
6. 成为"领头羊"，孩子更自信 / 153
7. 让孩子明白团队合作的重要性 / 156

第八章　停止吼叫，培养孩子的独立自主能力

　　——杜绝大包大揽，该放手时就放手

1. 可以爱，但不可以溺爱 / 160
2. 学会放手，让孩子克服依赖心理 / 164
3. 自己的事情自己做，提高孩子的动手能力 / 166
4. 尊重孩子的选择，切忌越俎代庖 / 169
5. 主动向孩子请教，让孩子体会到成就感 / 173
6. 培养孩子的抗挫折能力，做生活的强者 / 176

第九章　停止吼叫，培养孩子的金钱意识

　　——对金钱要"取之有道，用之有度"

1. 引导孩子树立正确的价值观 / 180
2. 对孩子攀比之心的有效引导 / 183
3. 让孩子体验金钱的来之不易 / 186
4. "穷养"孩子，重点在于养而不是穷 / 189
5. 让孩子掌握零花钱的使用方法 / 194
6. 让孩子保管自己的压岁钱 / 198

第十章　停止吼叫，培养孩子的学习兴趣
——"学霸"是练出来的

1. 尊重孩子的兴趣爱好 / 202
2. 给孩子设定一个合理的学习目标 / 205
3. 解决孩子学习拖拉的问题 / 208
4. 看轻考分，重视孩子的学习态度 / 212
5. 帮助孩子纠正粗心马虎的毛病 / 216
6. 告诉孩子成功有很多途径 / 219
7. 培养孩子自主学习的习惯 / 222
8. 孩子厌学要少责骂多引导 / 225
9. 理性看待孩子之间的差异 / 229
10. 客观对待孩子的升学问题 / 232

第十一章　停止吼叫，陪孩子顺利度过青春期
——孩子的青春期里没有逆反

1. 合理给予孩子自由 / 236
2. 不要打探孩子的隐私 / 238
3. 尊重孩子的朋友 / 240
4. 理性对待孩子的异性交往 / 243
5. 早恋宜疏不宜堵 / 246
6. 在孩子面前不可谈"性"色变 / 249
7. 陪孩子一起追星 / 251

第一章　停止吼叫，别让家成为伤害孩子的地方
——认真探寻吼叫的根源

当妈妈的失望和烦躁交织在一起时，往往对孩子大吼大叫，吼叫也许只有一分钟，但对孩子的伤害可能是一辈子。

1. 别让吼叫成为孩子一生的阴影

妈妈的坏情绪不仅影响孩子的性格，而且对孩子将来的处世风格也有着潜移默化的影响。专家指出，坏脾气也会传染，当妈妈带着坏情绪批评孩子时，面对妈妈的吼叫和怒火，孩子根本没有时间反思自己为何会受到批评，还会产生逆反心理。

早上刚醒来，李琴便觉得烦躁不安，今天是她到新公司上班的第一天，为了给新公司的老板和同事们留下好印象，她不能请假去看儿子的足球比赛，也没有时间在晚饭前回家买菜……当她正忙着收拾屋子时，儿子要求早餐吃鸡蛋饼，她一听怒气就上来了："你没见我正忙着吗，哪有时间给你做这么复杂的早餐？你下午的足球赛我只能尽量抽时间过去，已经给你准备好了面包，吃完赶紧上学去吧！"儿子开始抱怨，李琴继续吼道，"快点！今天我上班可不能迟到！你总是要求我买这买那的，如果我丢了工作，哪有钱买东西。快点！"

忙碌和焦虑使李琴内心的怒气不断累积，儿子的要求成了导火索，使她一下子就爆发了。最后，儿子沮丧地上学去了。

其实，李琴本来可以心平气和地拒绝，这样就不会让孩子觉得那是他的错，他只是提出了任何一个孩子都有可能提出的正常需求。

研究显示，88%的父母在孩子婴幼儿时期冲他们大声吼叫过，而98%的父母在孩子7岁前对他们吼叫过。大声吼叫确实能让孩子变得听话懂事，甚至无条件服从妈妈的指示，但那只是暂时的行为。下一次遇到类似的情况，孩子依然会犯同样的错误，并同样在妈妈的吼叫后变得听话懂事。

一天，圆圆和妈妈一起在外面吃饭，她对装果汁的玻璃杯感到好奇，不停地动来动去，结果把杯子摔到了地上，她的衣服上也洒了不少果汁。妈妈一下子爆发了，大声斥责道："你看你干的好事！跟你说过多少次吃饭的时候不要玩，你就是不听！你再这样，我以后就不带你出来吃饭了！快跟我去洗手！"

妈妈边说边站起来，完全没有注意到餐巾还搭在自己腿上，她刚一转身，那块餐巾就扯着盘子、刀叉稀里哗啦全摔在了地上。这下，整个餐厅的目光都被吸引了过来。妈妈感到十分难堪，怒视着圆圆，大声吼道："都怪你！盘子都摔碎了，还吃什么吃！"圆圆"哇"的一声哭了起来。

一次本该愉快的用餐就这样被毁掉了。妈妈应该意识到，孩子还小，还没有足够的经验来指导自己的行为。如果妈妈能够用轻柔的声音说："没关系，我们再要一杯果汁就好了。玻璃杯很容易打烂，最好不要拿来玩，知道了吗？"这样孩子会感激妈妈没有责怪自己，从而约束自己的行为，而妈妈也不会生那么大的气，自然也不会在慌乱中将那堆盘子和杯子碰翻，弄出难堪的局面。

如果妈妈动不动就暴跳如雷，会让孩子感觉莫名其妙，心中充满委屈，同时也会感到畏惧，时间久了，就会形成压抑的情绪。更重要的是，孩子长大后也可能会和妈妈一样容易发怒，控制不了自己的情绪。心理学上称之为"仿同"心理，孩子会不自觉地继承妈妈的欲望、个性特点并表现出来。这显然不利于孩子健康性格的形成。

有一个教育短片叫《语言能造成多大的伤害》，其中的一些话你也许刚刚才对自己的孩子说过："你不嫌丢人，我还嫌丢人！""就没见过你这么笨的！""你看看别人家的孩子！"很多妈妈以为只有打孩子才会伤害孩子，却不知道语言上的伤害，同样会在孩子内心留下深深的烙印。更要命的是，这种语言上的伤害在生活中比比皆是，而且不断上演。

下面是美国著名儿童心理学家指出的妈妈对待孩子的不良态度和语句。

难听的字眼：笨蛋、傻瓜、没用的东西。

侮辱：你简直是个废物！

非难：不让你做，你非要做，真是不可救药！

压制：别狡辩了，我不会听的。

强迫：说了不行就是不行！

威胁：你再这样做，我可不管你了！

央求：求求你别这样了，行吗？

贿赂：只要你好好学习，我就给你买你最喜欢的玩具！只要你考100分，我就奖励你100元。

挖苦：让你拖个地，你就打烂东西，真是够能干的！

长期生活在妈妈吼叫中的孩子，就像德国经典绘本《一生气就大吼大叫的妈妈》里面的小企鹅，被妈妈的吼叫吓得魂飞魄散，内心充满恐惧与不安，虽然想开口表达自己的心声，但又担心没有人听，于是就以不说话来躲避伤害。

那些被吼后不说话的孩子，往往容易形成这几种性格：做事优柔寡断，不自信；懦弱，没主见；性格孤僻，不善交际。更重要的是，这些孩子普遍没有安全感，对亲情有一种本能的排斥，不知道怎样和家人相处。

彤彤是一个 9 岁的男孩，在一次心理咨询中，心理医生问他："如果你可以许一个愿，改变你的妈妈，你最希望改变她什么？"彤彤毫不迟疑地回答："我希望她别再冲我和爸爸连吼带叫了。"妈妈听了，脸上露出羞愧的表情，并承诺会设法控制自己的怒气并改善婚姻状况。

对于大多数妈妈来说，诚实地面对自己，观察家庭里发生的事情，是个艰巨而又十分重要的任务。淘气是孩子的天性，孩子随时都有可能惹妈妈生气，但吼叫可能影响孩子一生的心理健康，妈妈还有什么理由对孩子吼叫呢？

2. 孩子的过激行为,引发妈妈情绪"大地震"

如果你不明白自己情绪爆发的根源,不善于在情绪产生之前调整自己,那么,一旦情绪产生,你面临着两条路,要么情绪爆发,要么压抑自己。而压抑的东西不会凭空消失,迟早会通过其他途径回馈给你,或者导致更大的爆发,或者导致身体疾病。所以,对妈妈们来说,比控制情绪更重要的是,明白自己的情绪是如何产生的。

一般来说,导致妈妈们情绪爆发的主要原因有疲劳、压力,以及孩子吵闹、不听话和淘气。日常生活中往往会有一些相似的事件,启动妈妈们的吼叫模式。

李女士是一家医院的主治医生,平时工作压力大,儿子的学习成绩算是中等,她认为儿子的问题主要是"坐不住"。寒暑假时儿子自己在家,她值班时"总抽空给儿子打电话查岗",慢慢地,她也发现自己每次数落儿子的内容总是那些。她说:"其实我高兴的时候也挺能容忍孩子的不良习惯。但工作压力太大了,要是赶上孩子不听话,就容易失控,我也想努力克制自己,但有时就是控制不住。"

现代社会压力巨大,特别是需要兼顾工作与家庭的妈妈们,更是忙得晕头转向。而一个人如果长时间负担超出自己承受能力的压力和情绪,就会越发烦躁。这个时候,一旦孩子淘气或犯错,妈妈便变得易怒,容易失控。

另外，工作时间长、睡眠不足以及完全没有自己的空间，也会导致妈妈们降低对孩子的容忍程度，成为对孩子吼叫的深层原因。

（1）工作时间长。在这个日新月异的时代，每个企业都在与时间赛跑。每天除了8小时的工作时间外，加班已成为职场人士的常态。

（2）睡眠不足。睡眠不足会导致很多问题，比如注意力不集中、烦躁、难以控制情绪、神思恍惚以及容易生病。美国心理学会研究发现，妈妈的睡眠质量是情绪、压力和疲惫的重要预警信号。如果想知道睡眠不足的影响，可以留意一下当你熬夜照顾生病的孩子后第二天的状态；或者你在夜里起来给二宝喂奶，而第二天早上又要早起送大宝上学，当他拖拖拉拉时，你会不会忍不住冲他吼叫？

一个妈妈说："生孩子以前，稍微熬个夜加个班，我都会马上找时间补补觉。等到做了妈妈，才发现妈妈简直是超人，完全逆生理需要行事。从孩子降生起，一天一天地睡不了整觉，而且要持续相当长一段时间。"

如果你感到筋疲力尽，上班犯困，或者经常朝孩子吼叫，这些都在提醒你，你需要更多的睡眠。当然，也许你因为工作的关系，不得不在孩子睡着后打开电脑再工作几个小时，或者打扫房间。但是，你仍然应该评估自己要做的事情，找出优先级，尽量让自己多睡一会儿。这并不容易，但这是缺觉的唯一解决方法。当你睡了个好觉，便能够以平静、理智的方式处理问题，而不是大吼大叫。

陈丽有两个孩子，她的丈夫工作十分忙碌，经常加班、出差。她自己是夜班客服人员，晚上工作，还要负责在早晨上学之前和下午放学后照顾孩子。在最佳的情况下，她每天能睡6个小时。她和丈夫几乎没有了独处的时间，因为每天十分疲惫又缺乏睡眠，她经常冲孩子们发脾气，只要孩子们稍微吵一点，她就会生气。

一天，孩子们在家里玩捉迷藏，她准备补个觉。当女儿打开卧室的门来找弟弟时，她刚刚睡着，被吵醒后，她顿时失去了控制，大声吼道:"跟你们说过多少次,别在我休息的时候打扰我!快给我出去,在我睡醒之前别再让我听见你们的声音。"话说出口后,她感觉十分糟糕,很后悔冲孩子们吼叫并说出那些刻薄的话。她马上向孩子们道歉,并意识到自己的生活已经失去了控制。

(3)失去自我。有了孩子后,二人世界的日子彻底结束,大部分年轻的妈妈都会感慨自己的生活质量大不如前,以前还能夫妻俩一起看电影、旅游,有了孩子后去哪里都不方便,干脆哪儿都不去了。正如一位新手妈妈说:"有了孩子以后,你还想要一场说走就走的旅行吗?你还想要尽情地逛街吗?你还想找个咖啡馆悠闲地喝喝咖啡看看书吗?你还想没日没夜地追剧吗?孩子不仅搜刮你的金钱,还理直气壮地侵占你的时间和精力。"当妈妈耗光了自身的能量,自然就很容易焦躁和不耐烦。

但是,妈妈的力量也是巨大的,她可以决定一个家庭的氛围。只有学会控制自己的情绪,妈妈才能让家成为一个温暖的港湾,让孩子在这个舒适、温馨的地方快乐地成长。

阅读小贴士:

睡眠不足会干扰人体的生物节律,造成内分泌紊乱,从而影响人的情绪。很多人发现,当自己睡不够的时候,强迫、抑郁、焦虑、紧张、暴躁等坏情绪就陆续来报到了。

不仅是大人,就连睡眠不足的孩子也很容易有"起床气"。有的孩子即使平时乖巧懂事,在被叫醒或吵醒后仍然会烦躁发怒,哭闹不讲理,这是因为孩子控制情绪的能力还很弱。解决这个问题的唯一方法就是充足睡眠,早点上床睡觉,睡眠质量好了,绝对会精神百倍、笑容满面。

3. 吼叫过后悔的是自己，伤的是孩子

为了让孩子养成良好的习惯并健康安全地成长，妈妈不得不约束孩子的行为，但是，没有哪个孩子喜欢被约束，即使他知道妈妈的出发点是为了他好！这样一来，彼此之间就有了冲突，不少妈妈常常忘记要保持冷静，总是愤怒地冲孩子大吼大叫，这种情绪化的行为对孩子的成长没有任何好处。

发怒时，妈妈就像完全失去了理智，对孩子大喊大叫、辱骂抨击，而当一切结束后，妈妈又会感到内疚，并且郑重地决定以后绝不再犯。但是，愤怒总是悄然来袭，愤怒好像成了妈妈生活中的一部分。

早上出门前，赵桐跟儿子说好她今天要加班，晚点回家，于是，儿子邀请了一些朋友到家里来聚会。提前完成工作后，赵桐赶紧往家赶，一进门她就听见吵闹的音乐声，接着看见儿子和他的朋友们在客厅里喝酒，尽情玩闹。

怒火顿时从赵桐的心头涌起，她大声叫道："你们在干什么？赶紧给我离开，不然我就通知你们的父母！你们还没到喝酒的年龄呢！"她不停地唠叨着，在客厅里走来走去，直到儿子的朋友们都离开为止。然后，她对儿子说："这段时间你不许出门了！我再也不信

任你了!"儿子阴沉着脸回了卧室,然后"砰"的一声关上了门。

假如你回家撞见这么一个不适宜青少年的聚会,肯定也会生气。但赵桐对这件事情的反应伤害了儿子,实际上,合适的做法是让儿子叫大家收拾干净然后离开,之后她可以跟儿子说她觉得很生气也很失望,等平静下来之后再跟儿子谈谈这样做的后果。

生活中的种种经验告诉我们,学习愤怒管理是值得的。相比修复一段被愤怒的言辞和叫骂伤害的亲子关系,它需要花费的时间和精力要少得多。

被孩子激怒后,妈妈首先要处理的是自己的愤怒情绪,而不是批评孩子。友善包容、心平气和是妈妈面对愤怒的最佳方法。妈妈是不是懂得以健康的方式发泄愤怒?能否约束自己,不做出破坏性或伤害他人的举动?能否控制自己不批评他人?能否维持理性,不卷入争辩,且在发生争执后有效地予以制止?能否控制冲动,不随意打骂孩子,甚至不乱砸、乱丢东西?如果妈妈希望孩子学会为自己的行为负责,首先妈妈要为自己的行为负责。因为妈妈是孩子最好的老师,妈妈应该为孩子树立良好的榜样。

当然,在教育孩子时,妈妈的愤怒有时可以起到一定的作用。实际上,有时妈妈毫无情绪会给孩子一种漠不关心的感觉,所以,适时地发些牢骚,既可以让孩子知道妈妈的忍耐是有限的,又可以对他日常生活中的不良行为起到一定的警示作用。

小旭放学回到家后,大声对妈妈说:"我没法打棒球,我没有衬衣!"妈妈本来可以帮小旭找到他的衬衣,但是这一次,她没有这样做,而是选择说出自己的想法:"我真的很生气,我已经给你买过5件棒球衬衣,而你却一而再,再而三地把它乱放。每次洗干净后,你应该把它们放进你的衣柜里,这样,当你需要它们时,就知道可以在哪里找到它们。"

妈妈的语气中隐含着愤怒，但她并没有责骂儿子。她的话让小旭感到很惭愧，后来他再也没有因为找不到棒球衬衣而让妈妈生气了。

对于妈妈来说，吼叫是一种代价很高的反应，一定要拿捏好分寸，千万不要随意吼叫孩子。那么，妈妈应该如何处理自己的愤怒情绪呢？

首先要明确的是，不管争执的结果谁输谁赢，都会影响亲子关系。所以，在化解与孩子的争执时，妈妈可以先说明自己的立场，然后让孩子冷静思考，等双方心情平复后再进行沟通。

如果发现自己处于盛怒之中，可以试试深呼吸、放慢说话速度、语调保持柔和。如果你是站着的，可以先坐下来，这样可以降低给孩子带来的威胁感，自己也会感觉安定一些。手脚尽量保持不动，因为当你挥动手脚时，会让孩子产生一种恐惧感，无助于缓解紧张的气氛。

有的时候，孩子只是犯了一点小错，但却成了压垮妈妈理智的"最后一根稻草"，妈妈开始翻旧账，把孩子过去所做的令人生气的事情数落一番。切记，在面临情绪崩溃时，不妨试着闭上嘴巴几分钟，什么话也不要说，或者马上离开现场，即使只是换一个房间，把脑袋放空，闭眼3分钟，也是有帮助的。

阅读小贴士：

成人在日常生活中遇到问题和争端时，一般会用理性的态度来处理。而孩子就不一样了，他们通常会以情绪化的行为来回应冲突，这些行为包括顽固的态度、抗拒一切理智思考、对事情过度反应。妈妈对此往往会感到困惑，不明白孩子为什么就是无法迎合父母的需求，体会父母的心意。

4. 教育最大的困境，是妈妈的坏脾气

《论语·雍也》中有一句话"不迁怒，不贰过"，意思是说，自己情绪不好时不要迁怒于他人，同样的错误不要再犯。但现实中很多人都有过这样的经历：心情好的时候看谁都顺眼，心情坏的时候看谁都不顺眼，无论是对自己的亲人、朋友，还是对同事。

而被迁怒最多的人，就是和我们相处时间最长的人——亲人。尤其是在心情不好又遇到孩子"不乖"时，妈妈就难免会简单、粗暴地对孩子又吼又叫。

谢芳快下班前，老板对她说："谢芳，你今天没有完成报告让我很失望。希望你以后能更好地管理自己的时间，及时出色地完成工作。"谢芳觉得老板是在批评自己。开车回家的路上，她的想法进一步升级——我搞糟了，再也没有升职加薪的机会了——诸如此类的想法塞满了她的脑子，让她感到心烦意乱。

一进家门，她发现儿子把屋子里弄得乱糟糟的，沙发、茶几……整个客厅到处都是玩具。她的脑袋"嗡"的一声炸开了，冲儿子大声吼道："你又把屋子里弄得乱七八糟，我跟你说过多少次，玩了玩具之后要收拾好，你为什么永远做不到！现在马上给我收拾好这些玩具！"

儿子的行为触发了谢芳的吼叫，她在借此释放自己的郁闷，而且她很可能从儿子身上看到了她对自己不满意的地方。

在工作中受到老板的批评，相信很多职场人士都有过这种经历，而有的职场妈妈，有时会把工作中的情绪带回家，拿孩子出气，但是，吼叫完孩子后，良心上的不安又让妈妈们悔恨不已。比如，有的妈妈会马上去抚摸孩子挨打的痛处，甚至抱着孩子痛哭，然后加倍给孩子物质上的"补偿"。这种情况，开始时会让孩子感到莫名其妙，但是时间一长，孩子就会习以为常，并渐渐变得和妈妈一样喜怒无常。

下面我们再来看一个案例：

王琦小时候活泼开朗，有什么事情都会跟妈妈说。但进入初中后他却变了，不爱跟妈妈说话了，有时见到妈妈连招呼都不打。妈妈以为他在学校里受了委屈，于是多次与学校老师沟通。班主任表示，王琦乖巧懂事，在学校里表现很好，没有跟同学闹过矛盾，只是不像入学那时活泼好动。

妈妈百思不得其解，询问王琦原因，但他每次都默不作声。有一天，妈妈收拾房间，无意中看到了王琦的日记本，里面的内容让她深感震惊。原来，王琦在外面并没有受委屈，反而是在家里受委屈了。他刚上小学时，父母因为接送他的问题发生过许多争执。有一次，他高兴地把自己的画拿给妈妈看，没想到妈妈却说："一边去，不要烦我！"当时妈妈正跟爸爸怄气，于是就将气撒到了王琦身上。事后，王琦委屈地去找爸爸，但爸爸也没什么好脸色。这让王琦感到十分郁闷，此后，只要父母发生争吵，他就躲到自己的屋子里，慢慢地，他变得不爱跟父母说话了。

一般来说，容易迁怒孩子的妈妈，往往喜欢甩脸子、说怪话，当她们拉下脸的时候，孩子就容易产生恐惧。机灵一点的孩子，就会想办法避开妈妈，惹不起躲得起，久而久之和妈妈的关系就疏远了；内向一点的孩子，只能默默承受，任由妈妈的情绪风暴吹打自己。

慢慢地，孩子的内心发生了变化——要么觉得自己很没用和多余，经常惹妈妈生气；要么认为妈妈很无能，遇事只会拿孩子出气。这样一来，孩子自然不会信服妈妈。

胡适先生说过："世间最可厌恶的事莫如一张生气的脸，世间最下流的事莫如把生气的脸摆给旁人看。这比打骂更难受。"人生不如意事十有八九，每个人都有自己的坎坷经历。但是身为人母，身上就多了一层责任，这是不容推卸的责任！孩子是无辜的，孩子也是天真的。他的人生才刚刚开始，妈妈要对他的一生负责，不能让他带着怨恨和恐惧生活。当妈妈在工作与生活中遇到不愉快时，应该给这种不愉快找个合适的出口，而不是让无辜的孩子承担大人的负面情绪。

阅读小贴士：

"踢猫效应"是如何产生的？

一般而言，人的情绪会受到环境和一些偶然因素的影响。当一个人的情绪变坏时，潜意识会驱使他选择下属或无力还击的弱者进行发泄，而受到上司或者强者情绪攻击的人又会去寻找自己的出气筒。这样就形成了一条清晰的愤怒传递链条，最终的承受者，即"猫"，是最弱小的群体，也是受气最多的群体，因为也许会有多个渠道的怒气传递到他这里来。

在现代社会，由于工作与生活的压力越来越大，竞争越来越激烈，人们遇到一点不如意就会烦恼、愤怒，如果不能及时调整这种消极因素带给自己的负面影响，就会不由自主地加入"踢猫"的队伍中去——被别人"踢"和去"踢"别人。

5. 有话好好说，有理不在声高

当孩子惹怒妈妈时，妈妈一般会居高临下地压制孩子，而孩子也会暂时被这种威严镇住，顺从妈妈的要求，不过他们的内心却会无限缩小甚至忽略自己的错误，产生一种是因为碍于妈妈的威慑而放弃自己的行为的错误想法。这样一来，孩子会把注意力集中在如何"对付"妈妈的威慑力上，而不会去思考自己的行为是否正确。

7岁的明明很喜欢跟小伙伴们一起在小区的花园里玩捉迷藏，但他一玩起来就经常把妈妈的嘱咐抛到九霄云外，他总是忘记妈妈规定他6点要回家吃晚饭的事情。这天，明明又没有按时回家，妈妈怒气冲冲地下楼，把他从一群孩子中拉出来，愤怒地对他吼叫了一通，然后强行把他带回家。明明觉得妈妈依仗自己是大人就欺负孩子，让他在朋友面前很没面子。在逆反心理的作用下，他后来就故意不按时回家了。

真正具有权力的人，不是吼得最大声的人，而是说话最有分量的人。教育孩子时，不是声音越大，效果就越好，声音的大小与效果往往成反比，吼叫教育的效果基本为零。而大小适中的声音可以稳定孩子的情绪，使孩子趋向于理智。所以，放低声音与孩子沟通，更容易被孩子接受。

放低声音，心平气和地教育孩子，本身就表达了对孩子的信任和尊重，背后隐含的信息是："我跟你说了一遍，你得记住了，并按照我说的去做。""敬人者人恒敬之"，孩子从妈妈那里获得了信任和尊重，反过来也会信任和尊重妈妈。

动辄朝孩子大吼大叫的妈妈，会让孩子认为，妈妈是因为拿自己没办法才发脾气。长此以往，孩子会越来越不听话，还很可能变得不尊重妈妈、顶撞妈妈。

此外，妈妈的吼叫会让孩子产生不愉快的情绪，影响孩子的身心发展。一般来说，越小的孩子受到的伤害越严重。心理学家研究发现，1岁的孩子听到吼叫后，智力发展会放慢；经常听到吼叫的孩子，在今后的成长过程中会比较好斗。所以，千万不要认为孩子会习惯妈妈的吼叫、孩子会明白妈妈是为他好，孩子的习惯只是表明他已经受到了严重的心理伤害。

东东刚上幼儿园不久，由于生性好动，经常无意中犯一些小错误，其实这并没有什么，但每次妈妈知道他犯了错误，便完全不顾他的感受，当着很多家长的面大声指责他，直到他大哭起来。

时间一长，本来活泼开朗的东东，性格渐渐变得有些内向，经常自己一个人坐着，不爱和其他小朋友一起玩了。幼儿园老师发现东东的情况后，经过耐心询问，才知道他是因为害怕自己又犯错误而当众遭到妈妈的批评，所以不敢再和其他小朋友接触。

那么，妈妈怎样才可以做到不吼不叫呢？其实这和平时的沟通方式有关，有了好的铺垫，很多事情不用吼叫也可以解决。

妈妈要明白，孩子是有独立思想的人，不可能所有事情都按照妈妈的想法去做，有时难免会出现偏差，妈妈对此要做好心理准备，站在孩子的角度考虑问题，遇事不着急，努力克制无益的感情冲动。孩子不懂得行为规则，犯错或屡教不改都是在所难免的。妈妈开口时要尽量放低音量，放慢语速，帮助自己压住怒火，渐渐地便会发现，其实这件事也没有那么让人生气。

如果和孩子出现意见分歧，最好不要强制孩子按妈妈的要求去做，而要多听听孩子的想法，取得孩子的理解。把孩子当成一个大人来交流，做到起码的信任和尊重，多鼓励多引导，比单纯的命令效果要好。对于孩子暂时不理解、没有做到的，妈妈可以适当让步，学会等待，给些时间让孩子自己去消化。

值得注意的是，低声教育不是哄着孩子、无限度地包容和放任他的错误，妈妈一定要坚持原则，讲清道理，让孩子意识到自己的错误，并督促他改正。

阅读小贴士：

怒吼对孩子造成的影响如下：

1. 影响孩子的性格。当妈妈经常对着孩子怒吼，孩子会受到惊吓，甚至会打激灵。长期如此，孩子会变得胆小、自卑、内向。

2. 影响孩子的能力。妈妈有多强势，孩子就有多懦弱。一个强势的妈妈，必然会有一个胆小怕事、缺乏主见的孩子，哪怕一点小事都要征求妈妈的意见，毫无自己的判断。

3. 影响孩子的一生。当妈妈对着孩子吼叫的时候，所有的言行举止都被孩子看在眼里，当他长大后，也会像妈妈一样去对待他的孩子或者身边的人，甚至是父母。

4. 影响孩子的感情。孩子会把怒吼的妈妈列入不受欢迎的行列，不管遇到什么事情都不会向妈妈倾诉，到了青春期则更加叛逆，很可能因为赌气而误入歧途。

6. 妈妈肯认错，孩子愿改变

在电影《怦然心动》里有这样一个情节：小女孩茱莉的父母在饭桌上吵架，吵完后他们马上对茱莉说"我们会解决好，这不是你的错"。茱莉睡觉前，父母又轮流向她道歉。这个情节感动了很多观众，同时也启发了许多做妈妈的观众。

道歉之所以重要，是因为妈妈是孩子的行为榜样。妈妈给孩子道歉，孩子也有同理心，他会在以后的生活中，同样有担当地对待他人，这非常有利于孩子的成长。

道歉还可以很好地修复亲子关系。有些妈妈不太愿意向孩子道歉，认为这样做会让自己显得软弱且丧失权威。事实恰恰相反，这是妈妈敢于面对错误、严于律己的表现。父母权威的"黄金时代"是在孩子幼年时期，长大后的孩子会无视这种权威，而使用一种挑剔的目光、独立的思维，将妈妈与社会上的其他人进行分析比较。因此，妈妈要想确立、维护自己的威信，需要赢得孩子发自内心的尊重和信赖。从某种意义上说，向孩子道歉也是妈妈在孩子面前重塑威信、加强亲子沟通的好办法。

星期天早上起床后，小涛便一直坐在电视机前看他最喜欢的动画片。妈妈出去买东西回来后，发现他还在看电视，感到非常生气。她放下手里的东西，对小涛吼道："你不是说看一会儿电视就去学习吗？怎么还在看？还想不想要你的眼睛了？"小涛知道自己看了太久电视，但妈妈的态度让他觉得十分委屈，他伤心地对妈妈说："我讨厌你！"说完就回了自己的房间。

妈妈听了小涛的话，感到十分震惊，冷静下来后，她开始反思自己，她完全可以好好跟孩子说的，小涛并不是不讲道理的孩子。她来到小涛的房前，敲了敲门，得到允许后才走进去。她对小涛说："小涛，妈妈为刚才对你大吼的事情道歉。妈妈不应该用这么粗暴的态度指责你，你能原谅妈妈吗？"小涛内心本来有些自责，这件事确实是他做错了，不该看那么长时间的电视。而且妈妈之所以责骂他，也是为了他好。现在妈妈诚心道歉，他顿时释怀了，面带愧色地说："妈妈，对不起，我不该看这么久的电视。我们和好吧！"

我们要明白，妈妈在家庭教育中的权威是以对孩子的关怀和爱为基础的，应该在爱孩子的基础上再做出严格、合理的要求。如果妈妈在孩子面前犯了错误，比如批评不当、惩罚过重或言语过激，都应该主动向孩子道歉。这样既会使孩子感到妈妈和蔼可亲，又会被妈妈的权威征服，从而发自内心地敬佩妈妈。当然，道歉也是有技巧的。

首先应该及时主动地承认错误，而且道歉时态度要诚恳。妈妈可以蹲下来向孩子解释自己刚才为什么发脾气，请求他原谅自己的一时冲动。比如："妈妈很抱歉，刚刚有没有吓到你？你现在心情还好吗？"只要妈妈示弱，孩子会很容易原谅妈妈。

其次，根据孩子的个性特点、年龄不同，道歉的形式也应该有所不同。对于年龄小一些的孩子，妈妈可以当面向他承认错误并道歉，只要让他看到妈妈明显的行为表示就可以了。对于年龄大一些的孩子，除了当面向他承认错误并道歉外，还可以选择留便条、写信等道歉形式。另外，妈妈不仅要表明自己承认错误的态度，也要向孩子说明犯错的原因，更要让孩子看到妈妈改正错误的过程。

最后，道歉一定要真诚。当妈妈对孩子说"我很抱歉冲你大吼大叫，说你懒，我不应该骂你"，然后又加上这么一句，"我只是因为你没有按时做完你该做的家务而烦躁"，那么道歉就会变味。妈妈应该为自己的行为承担责任，而不是去指责别人。

在表达自己愿意承担的责任后，妈妈可以说："我会努力控制自己的脾气。放学后我们一起去吃比萨吧，顺便谈谈你的日程安排和周末计划。"不要等到自己已经不再生气或烦躁之后再向孩子道歉，更不要说了对不起又不以为然。

为了避免以后发生同样的事情，妈妈应该借此机会给孩子上一课，提醒他不要再犯类似的错误，然后讨论应该怎样做，这样孩子就会知道正确的做法，最后可以和孩子约定："下次妈妈再发脾气的话，你要主动提醒妈妈不要生气。"这样既能帮助妈妈控制自己的情绪，避免伤害孩子，又能让孩子意识到妈妈会生气，也许是自己做错了。

阅读小贴士：

据有关资料显示，中国的离婚率呈逐年增高的趋势，特别是在大城市，单亲家庭越来越多。不少妈妈离异后把孩子当作自己唯一的精神寄托。而在这种环境中成长的孩子，往往比其他孩子有着更大的精神压力，心理负担很重。有的孩子承受不了这种压力，索性不思进取，自甘堕落。这种有意无意的行为其实是想让父母更在乎自己，希望父母能够言归于好。还有的孩子为了不让妈妈失望，发奋努力，但是大脑长期保持超负荷运作，对孩子造成的潜在的心理损伤也不可忽视，一旦超出孩子承受的极限，便有可能走向崩溃，结果可能会更糟。妈妈要做的是尽快回归正常的生活轨道，用积极健康的心态面对明天，以乐观豁达的精神感染孩子，并且帮助孩子多交一些朋友，让孩子把朋友请到家里来玩，以弥补亲情的不足，使孩子的身心能够健康成长。

7. 良好的家庭氛围，胜过好学校

在一个和谐的家庭中，家庭成员会彼此接纳、尊重、友爱，相互支持，每位成员对家庭都有认同感。妈妈若想建立这种家庭认同感，必须先身体力行。

被称为"血液学和免疫学之父"的埃尔利希，他对医学的兴趣便源于父亲的影响。他的父亲是德国著名医生，每次父亲做医学实验时，他就站在一旁好奇地观察；父亲丰富的医学藏书也为他探求一个个未知的问题提供了答案，使他从小对医道欲罢不能。就这样，他受父亲的影响走上了医学科学的探究之路。

诺贝尔物理学奖获得者贝克勒尔能够揭开放射线的奥秘，也和他的祖父、父亲都是物理研究人员有着密切的关系。

类似的例子还有很多，医学世家、教育世家等都存在一种文化传承。藏书、故事讲述、信息交流、观察、实践等文化氛围的间接暗示，往往会引发孩子的好奇心，使其走上进一步探索的道路。

有一位农村的普通妇女，文化程度并不高，但她的儿女们都考入了高等学府。其实她并没有什么高超的教育技巧，唯一有的是乐观、上进、尚学的价值观。无论家境多么贫寒，孩子们的衣服总是最干净的；无论农活多么辛苦，她总是毫无怨言地付出；无论生活多么拮据，几个孩子的学费都要节省出来。这种价值观的力量要远远大于不惜重金去聘请家教。

曾经有过一项调查统计，对某所学校初中三个年级共370名学生进行无记名问卷调查，结果显示：家里有麻将牌的占65%，父母经常打麻将的占55%，孩子会打麻将的占65%，孩子正在学打麻将的占10%。还有一位班主任说：有一次去家访，向家长反映孩子在学校赌博，要求家长配合教育孩子。然而，家长不但不合作，反而问道："我家孩子在学校里赌博是赢钱还是输钱？"老师听了哭笑不得。还有一次，这位老师在周末去一个学生家里进行家访，一进门就看见学生及其父母正在家里打麻将。这样的家庭氛围，能培养出对社会有用的人才吗？

父母的行为对于孩子的习惯养成有着很大影响。不同的家庭价值观会培育出不同类型的人才。妈妈应该思考自己期待的家庭成就是什么，想要极力避免的又是什么。

在回答这两个问题时，妈妈应该具有一套核心的价值观。一旦家庭缺乏核心的价值观，个体便会自行发展，追求自我的满足，不重视对家庭的情感与责任，以至于家庭无法凝聚成一个互相支持的亲密团体。当人们因为以自我为中心的行为而过度追求物质化、成就导向时，就会想借由拥有更多的财富、更大的成就、更高的地位来得到幸福的感觉，但最后发现，再多的钱也买不到幸福。

妈妈希望孩子具备某种行为或价值观，就应该将那些行为与价值全部内化，使它们成为生活中的一部分。

首先，妈妈应无条件地接纳孩子，同时坚守纪律。

当妈妈无条件地接纳、关爱孩子时，无论孩子做了什么，妈妈对他的爱都不会减少。当然，这并不代表妈妈应该接纳孩子的所有行为，纵容孩子犯错，任由孩子随意做出不成熟、不理智的判断，而是要让孩子明白，他可以信赖妈妈，从妈妈身上得到健康正向的指引、建议和教导。

妈妈必须相信，孩子有能力在错误中学习，而且未来的表现会越来越好。与此同时，妈妈还需要持续地关怀与接纳孩子，使孩子有力量、有信心地成长。

其次，妈妈应承认孩子的独立性，不以威胁手段来对付孩子，和孩子彼此尊重。

尊重意味着妈妈必须承认孩子有思想、有自由、有隐私，而且能够从错误中不断学习；同理，妈妈也会要求孩子以同样的态度回馈自己。不过，重点还是在于妈妈对孩子的尊重，有的妈妈总是习惯性或不由自主地威胁孩子，但威胁的手段经常会衍生出更多的问题：一是扭曲孩子的价值观；二是让孩子变得更加畏缩，更无法与家人建立亲密关系。

尊重孩子意味着要倾听孩子的话，而不是随意责骂、体罚。只有尊重孩子，才能让孩子明白自己对妈妈来说是重要而有价值的人，对于增强其自尊心将有所助益。妈妈尊重孩子，孩子也必然尊重妈妈，而且更愿意服从妈妈，因为妈妈让他体会到了自尊。妈妈和孩子交谈时，应仔细倾听，并承认孩子的想法，这样才能相互了解与尊重。

最后，妈妈应关爱并鼓励孩子，与孩子相互支持。

妈妈的支持与关爱，会让孩子感觉到自己被爱、感受到自己的价值，在这种氛围中成长的孩子，会对自己产生正面的认知。成就、名声、财富都无法取代人类这种最根本的情感需求，绝大多数对自己感到满意的人对于幸福的定义是：家庭生活和亲密的人际关系是人生中最重要的事情。

妈妈对孩子的了解与支持，并不意味着妈妈可以要求孩子完成超出其能力范围的事情。有些孩子需要鼓励,才能将自身的潜能发挥得更好;有些孩子则需要劝导,以使他们放慢步调、释放压力。支持孩子就必须以孩子的幸福为前提,帮助他认清客观现实的限制,以免他一头钻进必然的失败中。

第二章　停止吼叫，建立家庭秩序
——规则是结束混乱的前提

明确规定孩子的行为界线，可以保证孩子获得更多的自由，还可以在约束下培养孩子的自我管理能力。

1. 立家规，让孩子有"法"可依

孩子的各种行为都与家庭有关，要想改变孩子的行为，需要在家庭这个系统中立下规矩，俗称家规。家规不仅可以改变孩子的行为，还可以帮助孩子建立规则意识，对孩子的成长有着重要意义。

为了鼓励孩子自立，美国前总统奥巴马给两个女儿立下了明确的规矩，她们每天除了学习外，还要练习钢琴和做家务。每个周末评比完成出色的孩子，可以得到1美元的奖励。奥巴马与妻子表示，假设女儿们的要求合理，规则也可以保留适当的通融空间。

给孩子制定规则并不难，难的是在执行时，总会遇到许多客观或主观情况的干扰。如果僵硬地执行规则，有点不近人情，可能会让孩子性格偏执，缺乏变通；如果随意更改规则，孩子可能会借故逃避一些该做的事情，最后规则便名存实亡。那么，妈妈应该怎样执行规则又保留合理的通融空间呢？

首先要确定合适的规则和界限。有了清晰、合理的规则与界限，加上和谐的家庭气氛，只要孩子遵守规则与界限，不自找麻烦，就会觉得快乐、自由和被接纳。当然，这些规则并非完全不可商量，如果它关系孩子个人的选择与喜好，妈妈也可以适当调整。如果妈妈和孩子能够在这一点上达成共识，双方的配合与信任关系便会日益坚固。

有的时候，孩子会因为疾病、疲劳、临时事务等原因无法完成日常任务，这时，妈妈要弄清原因，再酌情处理。无论是客观原因，还是主观原因，只要孩子提出的要求有合理之处，妈妈就要慎重处理。

星期天，小强对妈妈说："我的作业提前写完了，我要看5集《汪汪队立大功》，给自己一个奖励。"妈妈规定小强每次看电视不能超过2集，现在小强竟然想看5集，这个要求实在有点过分。妈妈想了想说："要不我通融一回，让你看3集吧？"

"不行！3集根本不够，我就要看5集。"

"看太久电视会损害眼睛。要不这样吧，你每看2集就休息1个小时，去玩点别的或者打扫一下房间，你要是同意，我就让你看5集。"

小强说："好，那就看2集休息半个小时吧。"

妈妈同意了，小强也遵守约定，在休息时把每个房间都打扫了一遍。

既然是家规，那么全家人都要共同遵守。妈妈可以和孩子就生活、劳动、学习，尤其是上网、看电视等容易上瘾的娱乐活动，订立全家人都要共同遵守的规定，相互监督，相互约束，家庭成员中如有人违反规定，都应该受到相应的惩罚。这种方式充分体现了父母与孩子的平等地位，有助于提高孩子的自我管理能力和自我约束意识。

制定家规时，还要让孩子拥有适度的掌控权。比如，到了睡觉的时间，孩子可能会叫嚷他不累，抗拒上床睡觉。这时妈妈可以顺着孩子的意愿，不强迫他一定得睡觉，但要求他只能坐在床上安静地看书。这么一来，等他累了，情绪也安定下来后，自然而然就会睡着。又如，当天气明显转冷，孩子却坚持不愿穿上厚重的外套，妈妈可以让孩子把外套装在书包里随身携带，等他觉得冷时再穿上。当妈妈让孩子自己决定要以何种方式达到目标时，不妨给孩子一定的掌控权，这样孩子就比较不会反抗。

另外，妈妈在制定家庭规则时，需要注意以下几点：

第一，要从全家人的角度出发，而不仅仅是针对孩子。规则实际上代表了一个家庭的核心文化，体现了父母倡导什么行为、反对什么行为。

第二，制定家庭规则时不能冲动行事，而要全面思考。

第三，更多的激发、更少的限制。注意，规则限制的是孩子的行为，而不是思想。

第四，用生活中一些鲜活的案例，比如尊重、友爱、感恩、包容、互助等具体事例来解释，以便孩子更好地理解。

第五，规则在短期内不能变化。随意改变家庭规则，会导致孩子刚刚适应了现有的规则，又不得不去重新适应另一种规则。另外，当孩子感到每一次规则改变之后，又会出现更多的要求，这样孩子可能会对规则产生反感甚至抗拒。

阅读小贴士：

什么是真正的民主教育？

民主是一种态度，你可以有你的想法，我可以有我的想法，我们彼此尊重。

民主型妈妈是"我们一起来探讨一下怎样做更好"，她对孩子的态度是理解和接纳的。在日常生活中，只要是孩子能做的就让他做，鼓励孩子勇于尝试，甚至去冒险，从而发挥孩子的主动性和积极性。

民主教育不是放任自流，而是温柔地坚持规矩。妈妈会主动关心孩子的感受，考虑孩子的想法，同时也表明自己的观点，并向孩子解释必须遵守某些规矩的道理。因为有尊重，亲子关系融洽，孩子就比较容易自觉遵守妈妈的规矩。

这个规矩是灵活的，是根据孩子的实际情况来制定的，通常是孩子能够达到的。更重要的是，妈妈会让孩子自主决定怎样达到妈妈的期望。如果违反规矩，妈妈不是简单地打骂孩子，而是对孩子进行心理疏导和行为的适当约束。

2. 让孩子大声说出自己的想法

在传统的家庭中，一般是"大人说话孩子听"，孩子很少有机会表明自己的感受和想法。渐渐地，"代沟"便出现了，妈妈对孩子的想法毫无了解。

晚上，妈妈和爸爸坐在沙发上商量装修房子一事。小泽一直梦想有一个属于自己的房间，他仔细听着父母的谈话，询问妈妈打算如何装修他的房间，妈妈不以为然地说："我看随便弄弄，放张书桌和小床就可以了！"

小泽一听急了，插嘴道："不行，我想把墙刷成淡淡的蓝色，上面画上机器猫；还想要一个高架床，一张电脑桌……"

"你懂什么？孩子的房间越简单越好，实用最重要！"妈妈不耐烦地说。

"我一直负责设计我们班的板报，大家都夸我设计得好，我也想自己设计自己的房间……"小泽辩解道，但他的声音越来越小了。

"房间和板报能一样吗，你脑子里都在想些什么啊，房间弄得花里胡哨的，像什么样子？"妈妈呵斥道。小泽的眼泪一下子流了出来。

为了营造融洽的亲子关系，妈妈应该将孩子看成平等的个体，给予他充分的知情权和话语权,家庭成员之间可以随意谈论自己的想法,妈妈尤其要鼓励孩子发表意见,吐露心声。只有这样,亲子之间才能真正做到尊重、平等、关爱、默契。

在某种意义上,家庭会议是孩子成长的一个渠道,这种方式不仅可以让孩子熟悉家庭事务,锻炼孩子的语言表达能力、判断能力,而且可以开阔孩子的眼界,为其将来更好地适应社会打下坚实的基础。

家庭会议可使孩子的想法得到表达,情绪得到宣泄,同时使妈妈走进孩子的内心,家庭氛围将变得更加和谐。

下面我们来看看李敏一家召开家庭会议的实践和产生的效果:

李敏夫妇养育了两个孩子,为了给孩子提供一个交流思想和训练领导能力的机会,李敏决定在每周六吃完晚餐后召开家庭会议。

家庭会议的主持者由孩子们轮流担任。主持者要准备会议主题,并组织大家讨论。每次讨论的主题都是大家感兴趣的话题,大家各抒己见。有时遇到不同观点争论不休时,只能选择民主投票的方式解决。但李敏和丈夫都不太适应这种完全的民主,常常不自觉地摆起家长的架子,结果受到了孩子们的指责。尽管在会议中,"谁负责扔垃圾""谁负责洗碗"等琐碎的议题占据了多数,但它们非常重要,而且是必须解决的问题。李敏夫妇慢慢意识到每个孩子都是独立的个体,都需要得到尊重;明白了在教子过程中不能搞"一言堂",唯有和孩子通过交流、讨论得出的结论才更符合大家的利益,这样不仅可以使家庭更加幸福美满,而且能培养孩子们民主、平等、包容的思维方式。

的确如此,家庭会议与其说是教育孩子的契机,不如说是妈妈和孩子共同成长的契机,它使妈妈与孩子之间学会了通过沟通、协商来接受彼此的观点,做到存小异求大同。这将为孩子将来的成功打下良好的基础。

家庭会议的教育力量是很大的，它没有强制性，提倡协商，让孩子自己决定内容；与妈妈的强制执行相比，孩子会更加信服自己通过讨论得出的结论，也更容易去遵守和执行。

那么，应该如何举行家庭会议，其中都有些什么讲究呢？

首先要明确的一点是，家庭会议应该定期举行，成为家庭惯例。比如每个月举行一次，还可以根据需要增加次数；不必过于在意形式和内容，只要是家庭事务，都可以通过开会来沟通和决定；关键是全体参与，人人发表意见，以保证每个人是平等的。

妈妈要注意把握会议的时间与程序，如果会议时间过长，大家的注意力和耐心会渐渐降低，尤其是年幼的孩子。

其次，在家庭会议上，要允许孩子发表意见，参与决策。家务的分配、零用钱的额度与奖励的内容，都可以在家庭会议中讨论、协商，统一意见后定下规则，由妈妈监督执行。每个家庭成员都应该承担部分家庭责任，即使是年幼的孩子也不例外。在商量某个家庭决策时，妈妈应有意识地征询孩子的意见，在孩子发表意见后及时给予反馈。如果孩子的建议有道理，可以采纳；如果有考虑不周的地方，妈妈要向孩子说明哪些地方需要完善；如果毫无参考价值，也许是因为孩子对问题理解不够，妈妈可以对孩子进行指导，这有助于孩子更加全面、理性地考虑问题。注意，妈妈要把孩子当作一个重要的商量对象，而不是抱着可有可无的心态对待孩子的意见。如果要解决的问题或者要做的决定与孩子有关，妈妈要征求孩子的同意，让孩子有选择的机会并在尊重孩子的基础上进行引导。

最后，家庭会议的主持者不一定要是家长，有时也可以让孩子来充当。会议主持者的任务是，掌控会议的节奏，让大家有充足的时间轮流发言，并促使大家将注意力集中在提案上，最后组织大家举手表决。

阅读小贴士：

为了保证家庭会议能够长久有效地举行，需要遵循哪些原则呢？

1. 除非有特殊情况，否则每个家庭成员都不能缺席。

2. 无论是反对还是赞同，每个家庭成员都有表达自己意见的权利。

3. 在会议中应耐心倾听不打岔，不能大喊大叫，影响会议的正常进行。

4. 不能使用侮辱性或贬损的语言，大家要互相尊重。

5. 集中注意力，关掉电视、手机等。

6. 会议讨论的问题，每个家庭成员都可以提出解决之道，最后尽量选择大家都赞同的方法。

7. 父母要尊重会议做出的决定。

3. 教育孩子，家人的态度要保持一致

　　一个孩子不能同时接受父母双方不一致的教育，否则，他将无所适从；一个孩子不能同时接受父母给予的两种价值观，否则，他会觉得自己左右不是，陷入矛盾之中。

　　调查表明，在教育理念不一致的家庭中，孩子出现心理问题的比例明显高于教育理念一致的家庭，所以，父母也好，祖父母也好，在教育孩子的过程中必须理念一致，互相合作，否则很容易使孩子产生心理问题。

　　放学后，妈妈让小源马上写作业，但小源想去和邻居家的小伙伴玩一会儿。母子俩僵持时，爸爸插话说："那就让他先玩一会儿吧！"

　　小源一听，立马挣脱妈妈的手跑了出去。妈妈生气地对爸爸说："就是你整天惯着他。"

　　爸爸说："学习也得劳逸结合，他刚在学校学了一天，好不容易放学了可以玩一会儿，有什么不可以的？"

　　妈妈说："那开家长会你怎么不去？老师说小源的进度已经落后不少，再不抓紧一点，就要变差生了！"

　　爸爸听了无言以对，他也不知道应该怎么处理这件事。

生活中，不少父母都在关键时刻犯错误，比如妈妈在教育或责备孩子时，爸爸站出来替孩子说话；或者爸爸责备孩子时，妈妈站出来替孩子鸣不平，这不仅会使父母失去威信，还会助长孩子的不良习惯。既然爸爸认为妈妈责备得不对，或者反过来，妈妈认为爸爸的责备是不对的，那么孩子当然就可以不用听了，这样一来，孩子的错误或不良习惯自然得不到纠正，而且会对父母的意见和责备置若罔闻。有的时候，孩子还会利用父母之间的分歧来达到自己的目的。

比如，小辉吃过晚饭坐在电视机前不肯起身，妈妈催促他去写作业："别看了，快去写作业，写完了赶紧睡觉。"但小辉一动不动，说："我看完再去写！"妈妈坚持说："看完这个节目就很晚了，哪里还有时间写作业！快去，听话！"小辉正在犹豫，这时，爸爸发话了："让他看完再写吧！"于是，小辉理直气壮地继续看下去，结果作业也没时间写了。

一些家庭在花钱时也经常会出现这种意见不一致的情况。比如，孩子跟妈妈要钱买运动鞋，妈妈认为旧的还挺好，可以穿，于是不给钱。孩子又去找爸爸，爸爸经不起纠缠便给了。

这些都是生活中常见的情形，夫妻俩虽然没有发生争吵，但是给孩子带来的不良影响是一样的。这使父母一方在孩子心目中没有了威信，孩子有了倚仗，可以不听妈妈（或爸爸）的话，助长了其任性和娇气，而父母教育理念不一致，也会使孩子无所适从。

中国传统教育中的"严父慈母"一说，就是指父母"一个唱红脸，一个唱白脸"，两人互相配合，互相补充，相得益彰。事实上，这种观点并不合理。试想，如果一个家长过于严厉、苛刻，另一个家长过于温和，一味迁就、姑息、放纵，很容易出现以下情形：孩子在严厉的家长面前，就像老鼠见了猫一样，战战兢兢，唯唯诺诺，做事畏首畏尾；而在温和、宽容的家长面前，则行为放肆，对家长的话置若罔闻。这样不仅不利于孩子树立正确的人生观和价值观，还会导致孩子性格的缺陷。

要想避免这一现象，需要父母加强自身修养，统一认识，在教育孩子时要达成一致，相互支持，相互配合，共同担负起教育孩子的重任。

那么，在具体问题上出现不同的看法时，妈妈应该怎样处理呢？

正确的方法应该是在一方教育孩子后，等孩子不在面前的时候，另一方再提出自己的看法，与对方讨论，以取得一致的看法。

夫妻之间一定要维护彼此的威信，绝不能为了提高自己的威信而故意贬低另一方。即使一方对孩子的要求不合理，也不能自己单独出面更正，而应该和对方交换意见，由对方出面更正。这样既有利于孩子改正错误，也有利于维护父母的威信。

有老人的家庭或是由老人带孩子的家庭，最容易出现老人溺爱孩子的情况，这也许是"隔代亲"的缘故。实际上，老人惯孩子，父母也是有责任的。如果孩子还小的时候，父母能够经常和老人探讨教育方法，也不至于使老人一味地娇宠孩子。如果出现老人太惯着孩子的情况，父母要跟老人讲清道理，耐心开导，大家同心协力把孩子教育好。

阅读小贴士：

针对孩子的教育问题，父母和老人沟通时要掌握一些沟通技巧：

1. 就事论事，不责备。出现什么问题就讨论什么问题，不要把大人之间的矛盾也扯进来。不要一开口就对老人进行责备，也不要用批评指责的口吻去谈问题。心平气和地讲出自己的看法，尽量和老人在某种程度上达成一致，因为大家的出发点都是为了孩子好。

2. 鼓励与关心。对老人带孩子方面的优点要给予鼓励，让老人知道自己的辛苦付出得到了认可。平时送老人一些小礼物，让老人知道你在想着他。遇到节假日可以带着老人、孩子出门转转，增进彼此之间的理解。

3. 各自单聊。和老人沟通时，可以由夫妻一方单独找自己的父母谈，这样可以直截了当地谈问题，也能避免一些摩擦，老人接受起来比较容易。

4. 部分妥协。对于一些非原则性的问题，如果老人有自己的想法，也不必非要争个输赢，适当的妥协可以让老人感觉自己也有一些主导权。

5. 转发文章。对于不便当面指出的问题，可以建一个家庭群，将一些实用的育儿文章转发到群里，或者在吃饭、休息的时候说一下文章的观点，也许能起到意想不到的作用。

4. 给予孩子适当的选择权

孩子从 3 岁起，自我意识开始萌发，开始"喜欢"上"选择权"这个东西。对于这个年龄段的孩子来说，选择的结果并不重要，有选择的机会和余地才是他所期待的。

所以，随着孩子的成长，给予他更多的自由和掌控自己生活的权利尤其重要。给予孩子自由和更多的选择权，表明了妈妈对孩子的信任和尊重，反过来孩子也会更加尊重、信赖妈妈。

心理学家武志红说过：一个生命的意义就在于选择，只有不断地为自己的人生做选择，这个人才算活过。相反，假若自己的人生总是由别人来做出选择，那么这个人可以说是白活了。

现在很多条件优越、深受父母宠爱的年轻人之所以会有自杀的冲动，一部分原因就是他们一路走来都是父母在帮他们选择，他们找不到生活的乐趣，找不到自己存在的意义。

一般来说，被剥夺选择权的孩子容易形成两种性格极端：一种是孩子一味顺从妈妈的选择，失去自我判断能力，变得胆小退缩，自立意识差，凡事依赖妈妈，不能自己做决断；另一种是孩子被压抑太久，长大以后变得叛逆，而且做事不计后果，因为他下意识觉得妈妈会跟在后面保护自己，无论自己闯下多大的祸也没有关系。

在儿童活动室，老师在给一个3岁的小姑娘讲故事。为了保证孩子们都有阅读的机会，按照规定，每个孩子每次只能从书架上拿一本书来读。这个小姑娘则拿了两本书走到老师面前，请老师给自己讲。老师对她说："我们只能从书架上取一本书，你能把其中的一本还回去吗？"

小姑娘果断地摇头表示拒绝。老师于是换了另一种说法："好吧，那么，你是想把这一本放回书架，还是把另一本放回书架？"小姑娘想了想，拿起其中一本放回书架上，然后师生二人愉快地开始了阅读。

这个例子说明，妈妈的决策权和孩子的选择权完全可以很好地结合起来。妈妈的权威并不代表孩子没有选择权，而是表现为妈妈在设定的选择范围内给予孩子足够的选择机会。在这里，妈妈的权威和决策权是教育的指导思想，而孩子所得到的选择机会，是教育的方法和技巧。

如果孩子感到自己对生活具有掌控力，他就不会哭闹或者做出其他争夺选择权的行为。所以，妈妈在适当的时候为孩子提供选择，可以有效地减少吼叫和争执，同时加强孩子做决定的能力。这样做还能够让孩子感受到自己的行为和想法是重要的。

当然，妈妈在给予孩子选择权的时候，也需要遵循一些原则：

一是从小事开始征求孩子的意见。没有自主意识的孩子，往往会压抑自己，不表达自己的意见，妈妈要从身边小事开始征求孩子的意见，比如餐厅点菜、买衣服、几点完成作业等。

二是帮助孩子分析选择的利弊。给孩子一个宽松的成长环境，尽量把对孩子的要求转化成建议，告诉孩子遇到这种事你会怎么做。如果确定孩子的选择会带来不好的后果，应该给孩子分析一下利弊，引导孩子做出正确的选择。但是，如果孩子坚持，要告诉他这样选择必须承受的代价。

三是选择应该切实可行。比如妈妈问"你是现在洗澡还是做完作业再洗?"这种说法让孩子无法选择不洗澡,但可以决定什么时候洗澡,这会让一个不愿洗澡的孩子感觉好一些。所以,妈妈要确定自己是真心想让孩子自己选择,并且说到做到。

四是在一定范围内给予孩子更多的选择权。比如"睡觉时间到了,你要听昨天的故事还是新的故事?""你今天穿黑色的还是蓝色的T恤?"做选择并让孩子负责都是必须经历的,对发展孩子的自我价值观至关重要。妈妈只需确保方向正确,确保孩子安全,其他的则让孩子去选择,让他做自己的主宰。妈妈在设定的界限之内要让孩子拥有绝对的自由,但一定不能触碰底线,否则可能会让孩子以自我为中心,听不进别人的意见。

阅读小贴士:

14世纪法国哲学家布里丹讲过一个关于"布里丹毛驴"的哲学故事:

一头毛驴站在两堆数量、质量及与它的距离完全相等的干草之间,它虽然享有充分的选择自由,但由于两堆干草价值相等,客观上无法分辨优劣,也就无法分清究竟选择哪一堆更好。于是,它始终站在原地不能举步,结果活活饿死了。

这个"布里丹毛驴"被人们用来喻指那些优柔寡断的人。后来,人们常把决策时犹豫不决、难作决定的现象称为"布里丹效应"。

孩子也是一样,如果不从小培养其选择能力,他长大以后就会因为缺乏眼光和胆识,在令人眼花缭乱的干扰面前不知所措,左右为难,最终在不断的观望中失去成功的机会。

5. 父母立威信要把握好分寸

如今很多妈妈在教育孩子时容易出现两个极端，要么太严厉，不允许孩子知错犯错，却没有让孩子自己去承担责任，这样的教育是不会让孩子在反思中实现自我超越的，孩子甚至根本无法感受到妈妈的爱；要么太宽松，宽松得丧失原则与底线，这种没有行为准则的家庭教育，反而会让孩子无所适从，一行动就处处犯错。

临近中考，小波迷上了看电视剧，每天回家后雷打不动地必须先看2集再学习。妈妈对此非常生气，屡次劝他抓紧时间学习，但小波振振有词地说："还有几集就演完了，等看完了我就专心学习。"

妈妈生气地说："是学习重要还是看电视剧重要？你怎么老是不听话？马上就要中考了，你还没完没了地看电视，看电视能提高学习成绩吗？"说完上前关掉了电视。

小波一看急了，喊道："你怎么这么霸道，凭什么不让我看电视？"

"我看你是越来越不听话了，我说不能看就不能看！"

小波愤怒地回了房间，当天晚上也没有学习。第二天放学后，他仍然像往常一样坐在电视机前继续看电视。妈妈气得打了他一巴掌，将他赶回屋里学习去了。

无论做什么事情，要想做好，取得理想的效果，都必须"恰到好处"。"欠火候",程度不够,效果不会好;过分、过度、过火,效果同样不会好,这就是常说的"过犹不及"。管教孩子也是如此。

比如,对孩子严格不放任是对的,但过度严格就会成为苛求,使孩子缩手缩脚,畏首畏尾,或者引起孩子的反感、抵触。对孩子过度的爱,则会成为溺爱,使孩子被爱淹没,养成坏习惯,甚至走上歪路。给孩子过度的自由,就会让孩子放任自流,做出出格的事情。规矩过于苛刻,又会束缚孩子的个性发展,扼杀其主动性、创造性。过度平等,孩子可能不把妈妈放在眼里,使妈妈失去威信。过度民主,妈妈会丧失权威和教育的主动权,根本管不了孩子。当然,严格、关爱、自由、纪律,也会流于形式,走走过场,收效甚微。

著名教育家陈鹤琴专门论述过这个问题。他指出,在家庭教育中往往容易出现两种偏向:一是过于宽容姑息,一点也不管教,任其为所欲为;二是规矩过严,事事都要秉承父母的意旨。"两者都失其平,不得谓之良教育"。他主张,"我们教孩子当折其衷,一方面予以充分机会以发展自动的能力和健全的意志,一方面限以自由范围使他们不得随意乱动以免侵犯他人的权利。教育若能如此折衷施去,孩子未有不受其惠的。"陈鹤琴先生所说的"折衷",就是调节"过"与"不及",拿捏好分寸,把握好尺度,使之适中,不偏不倚,恰到好处。

陈琳曾经很自豪地说,她的孩子上初一了,一点也不用她操心,因为她相信民主的管教方式能提高孩子的创造力。"如果你经常限制孩子,这也不行那也不行,最后孩子的发散性思维就会受到影响,成为只会执行的应声虫。所以我很少干涉孩子,也不引导他,让他自己去探索适合自己的道路。"但是她很快就尝到了苦果。有一天,她和孩子为了一件小事争得面红耳赤,最后,孩子跑进自己的房间,"砰"的一声把自己锁在了里面。

还有一位妈妈说：有一次15岁的女儿和朋友外出，没有按照规定在晚上10点以前回家，快12点才回到家里。由于女儿以前从来没有出现过这种行为，所以她不想处罚女儿，但也担心一旦宽容女儿，女儿会因此得寸进尺，将违反规定变成常态。

也许很多妈妈都有过类似的困惑。处理这种问题，妈妈应该为孩子定下明确的界限，但对应的态度应随着孩子的成长进行调整，并以相同的强度回应每次的对峙。

如果发现必须以严厉的态度来回应孩子，最佳的解决方法是，首先冷静下来，并退一步想想这件事有多重要，你会发现自己的想法变得比较有弹性了。

正确的教子态度是严而有度，掌握一定的分寸，孩子觉得妈妈是通情达理的，妈妈的威信就会得到维护和提高。

而妈妈教育孩子时，对分寸、尺度的掌握往往受情绪的影响和支配。其中，妈妈的情绪受多种因素的影响和支配，诸如孩子的现实表现、妈妈当时的心情和处境、妈妈对孩子的喜爱程度、妈妈与孩子的关系等。比如，遇到高兴的事，对孩子就容易放任；遇到烦心的事，管教孩子就容易过火。孩子表现好，妈妈就容易放任孩子的过错；孩子表现不好，妈妈的管教态度就容易粗暴。特别招人喜欢的孩子，即使有错，妈妈也舍不得严厉批评；不大招人待见的孩子，偶尔有一点小错，也可能引起妈妈的"无名火"，甚至吹毛求疵。在重组家庭中，是不是有血缘关系，也有可能导致失之过严或失之过宽等。

所以，妈妈在教育孩子时切忌感情用事。即使批评孩子，事后也要想办法安抚一下孩子，对他进行开导，使他感受到妈妈的爱，才不会对妈妈产生畏惧、抵抗心理。只有严与爱相结合的教育，才能建立起真正的威信。

6. 对孩子的不合理要求大声说"不"

生活中，我们经常会听见妈妈们抱怨孩子提出各种各样的无理要求。比如，有的孩子一进商场就哭着喊着要买玩具，不买的话就满地打滚；有的孩子晚上刚刷完牙就要吃零食，不同意就开始撒泼耍横；有的孩子早上一睁眼就要看电视，磨磨蹭蹭不肯去幼儿园，一旦被拒绝就号啕大哭。

孩子之所以出现这些行为，是因为他们敏锐地察觉到妈妈往往"说一套做一套"。比如，当妈妈宣布孩子还可以玩 10 分钟时，最终孩子得到的时间可能只有 5 分钟；妈妈承诺在儿童节给孩子买一套绘本，但儿童节都过去很久了，妈妈还没有兑现。这使孩子意识到妈妈的立场有时并不坚定，于是寄希望于用撒娇、软磨硬泡、撒泼打滚、故作可怜等方式来要求妈妈满足自己的诉求。

下面我们来看一位妈妈的经验：女儿比较懂事，也讲道理，但遇到想吃麦当劳、买玩具之类的事情，她就会没完没了地缠人。我的原则是，不管她提什么要求，合情合理的就尽量满足，非分的就适当控制。如果父母一方说"不行"，另一方也不能答应，这样孩子就没有空子可钻了。比如，女儿想把饭菜拿到电视机前，一边看动画片一边吃饭，父母没有答应，只是让她选择——要么关了电视吃饭，要么等动画片看完再吃饭，但要饿一会儿肚子，还得一个人吃冷饭。渐渐地，女儿知道了做事应该专心致志，并且明白父母是有原则的。这也就使她很少做出"死缠烂打"的行为。

著名亲子教育专家卢勤说过："孩子的欲望是无止境的，总有一天，你会拒绝他。而此时的拒绝会比当时的拒绝给孩子的打击要大得多。当孩子放纵的欲望最终被拒绝时，轻者会造成孩子焦虑恐惧、烦躁不安和悲愤绝望的心理，他会觉得世界上所有人都跟他过不去，严重的情况下，还会引起孩子轻生。"

爱孩子，并不在于孩子想要什么就给什么，而是要让孩子养成知足的品格，不无理取闹。所以，学会拒绝孩子的不合理要求是妈妈们的必修课。

为了树立威信，让孩子知道妈妈言出必行，妈妈对孩子的承诺要说到做到；对孩子不合理的要求也必须坚持原则，不管孩子如何哭闹都不能妥协，不能因为自己情绪好或者事情小而迁就孩子。

有些妈妈在高兴时事事顺应孩子的要求，不高兴时则不分青红皂白一律拒绝。这样的拒绝毫无理性可言，不仅令孩子摸不着头脑，也无法令孩子信服。拒绝孩子时，一是要让孩子明白为什么不能这么做；二是让孩子感受到妈妈的爱意。比如，不给孩子买奢侈品或者多余的玩具，是为了保证孩子上学的费用和全家的支出。当然，妈妈还要与孩子共情，对其感受表示理解，这样孩子会更容易接受妈妈的引导。

有时，妈妈还可以利用孩子注意力不稳定的心理特点，巧妙地将其注意力转移到其他事情上，使他在不知不觉中放弃原来的行为或愿望。比如孩子执意要玩小刀，这时可以用其他有趣的事情如外出游玩、科学小实验等来转移孩子的注意力。

妈妈要明白，拒绝孩子是为了帮助孩子健康成长，而不是为了自己的面子。千万不能矫枉过正,为了拒绝而拒绝。不能因为怕失面子而将错误的拒绝坚持到底,如果发现自己做错了,应及时向孩子承认错误,并立即修正,以免对孩子的心灵造成伤害。

有一个经典心理学研究实验,叫作"延迟满足"。实验人员给一些 4 岁的孩子每人一颗非常好吃的软糖,然后告诉孩子们可以吃糖,但是,如果马上吃,只能吃一颗;如果等 20 分钟,则能吃两颗。有些孩子急不可耐,马上把糖吃掉了。另一些孩子则能等待对他们来说是无尽期的 20 分钟,为了让自己耐住性子,他们闭上眼睛不看糖,或头枕双臂、自言自语、唱歌,有的甚至睡着了,最终他们吃到了两颗糖。

等孩子长大后,实验人员进行了跟踪调查,发现那些可以等 20 分钟再吃糖的孩子,比那些马上吃糖的孩子在学习上更容易取得高分。实验结果表明,那些能够延迟满足的孩子,自我控制能力更强。

这个理论引入中国后,被中国父母认为是教育孩子的法宝,于是,孩子想买玩具,用"延迟满足";孩子想吃零食,也用"延迟满足"。实际上,延迟满足的运用是有前提的:

首先,孩子 2 岁之前的一些需求如渴了、饿了等,并不是孩子在无理取闹,父母要及时满足孩子,这样孩子才会有安全感,为下一个阶段的延迟满足打下基础。

其次,对孩子进行延迟满足的训练,并不意味着孩子正常、合理的物质要求就可以随意被"延迟"。饿了就要吃,渴了就要喝,困了就要睡,这些都是人类的本能,应该得到即时满足。

最后,延迟满足最主要是让孩子自己主动放弃。但孩子很少会主动放弃,这时,父母可以跟孩子一起制定规则,让孩子主动参与进来。注意,制定规则后只是延迟了满足,并不是不满足,否则父母将失去孩子的信任。

7. 拒绝恐吓，爱才是教养的主题

生活中，很多父母在教育孩子时，都成了"威胁"和"恐吓"的专家。尤其是妈妈们，她们似乎很喜欢利用恐吓，迫使孩子乖乖听话。

一位妈妈在路边哄孩子，孩子不听劝，拼命地哭。妈妈一边说好话，一边给他东西，但都不管用，最后，妈妈不耐烦地说："你再哭我就走了！"并做出一副生气要走的样子。结果，孩子哭得更凶了。妈妈见状扭头就走，孩子一看顿时慌了神，赶紧追上去，边哭边喊："妈妈，妈妈，等等我，我不哭了……"

"你再不听话，妈妈就不要你了！""如果你再哭闹，我就打电话叫警察来把你抓走。""10点以前必须回家，否则你将被禁足一个星期。"这些充满威胁、恐吓的话，对孩子来说再熟悉不过了。

不得不说，恐吓式教育在中国很常见，很多孩子都是被"吓大"的。"吓大"的孩子成为父母后，继续恐吓式教育下一代。

曾有媒体报道，某地派出所民警在辖区巡逻时，发现一个疑似走失的小女孩。当民警靠近小女孩准备询问情况时，小女孩竟然哇哇大哭起来："警察叔叔，我没有做坏事，你别抓我好吗！"随后转身就跑。"别拿警察吓唬孩子！"巡逻民警借此呼吁。

妈妈要记住，孩子只是有一些不良习惯惹怒了你们，如果总拿警察吓唬他们，当这种行为成为常态，孩子会认为警察并不可怕，随着年龄的增长，他们可能会做出挑战法律的事情，走上犯罪的道路。英国杜伦警方也曾推出一张宣传海报，呼吁父母不要再拿警察去吓唬不听话的孩子，海报传上网一周，点击率达350万次。

对于妈妈来说，有必要了解一下动辄恐吓孩子会造成怎样的影响。

一是对妈妈更加依赖。妈妈吓唬孩子有时是因为正在气头上，但说者无心听者有意，孩子听了就记住了，他可能认为真的随时会出现豺狼虎豹，害怕妈妈不要自己，害怕会被人抓走……当孩子被恐惧、不安包围时，更容易依赖妈妈，以寻求保护。

二是容易变得自卑。如果妈妈总是吓唬孩子，他会认为自己随时都有危险，自己不好、不乖、不听话、不懂事、总是犯错……在孩子的思维、认知、语言等能力不成熟的情况下，妈妈给孩子埋下了自卑的种子，容易使孩子丧失自信心。

三是容易形成错误认知。孩子最初并不清楚警察是干什么的，但被妈妈"借用发挥"成了凶狠、吓人、抓孩子的"代言人"，使孩子对警察形成一种错误的认知。当真的遇到危险或需要帮助时，孩子很可能不敢主动求助，使自己多了几分危险。

四是容易种下仇恨和叛逆的种子。有的孩子个性非常鲜明，妈妈指东他偏朝西，爱顶嘴还叛逆，有些妈妈沉不住气，信奉棍棒之下出孝子，用一打二吓唬来教育孩子，殊不知这样做不但容易给孩子心里种下仇恨和叛逆的种子，还会让孩子疏远妈妈。

小森是一名初中生，临近期末考试时，妈妈宣称：如果小森的成绩不能保持在全班前三名，就要取消他暑期出国游学的计划。对于妈妈的威胁，小森感到十分气愤，他对好朋友说："哼，我又不是三岁小孩,她以为这样就能吓到我,我偏偏要让成绩掉到前三名以外,让她知道我是吃软不吃硬的,看她以后还敢不敢威胁我。"

有的孩子开始会听妈妈的恐吓警告,但等到他的胆子被吓大了,也就无所谓了!对于自尊受伤,孩子可能会以不恰当的行为进行反击,有时是对抗妈妈,有时是施加于他人——这就很危险了!

苏霍姆林斯基说,没有爱,就没有教育。所以,妈妈要心怀爱意,千万不要采取"恐吓教育"!

阅读小贴士:

孩子天生就惧怕一些事物,心理学工作者对此有过统计:1岁以内的孩子害怕巨大声响、陌生人、环境突然改变、失去亲人照顾;1~2岁的孩子害怕陌生人、与父母分离;2~3岁的孩子害怕黑暗、独自在家、与父母分离;3~4岁的孩子害怕动物、昆虫、黑暗的房间;4~5岁的孩子害怕野生动物、鬼怪、雷鸣;5~6岁的孩子害怕上学、身体受伤害、超自然事件;7~10岁的孩子害怕社会交往、战争、身体伤害和学习问题。如果妈妈利用孩子的这些弱点来恐吓孩子,将给孩子留下阴影,使他变得更加胆小怕事,更加懦弱。

第三章　停止吼叫，有话好好说
——良好的亲子关系是顺畅沟通的基础

善于跟孩子沟通的妈妈，总能开启孩子的心扉，了解他们成长过程中的烦恼，与孩子成为知心朋友。

1. 别拿忙碌当借口，多抽时间陪伴孩子

陪伴孩子是亲子教育不可或缺的重要组成部分。当下有很多妈妈过度追求物质欲望和事业上的成就，月月出差，周周应酬，不得不牺牲陪伴孩子和家人的时间，长此以往，会造成亲情的缺失。

美国前总统奥巴马和妻子米歇尔每天都很忙，可以说是"日理万机"。但无论多忙，他们都会挤出时间与孩子一起共享天伦之乐。他们指导孩子做家务，拉着孩子的手滑旱冰，陪孩子一起阅读。当大女儿参加学校的足球比赛或别的表演时，奥巴马夫妇会抱着小女儿亲临现场观看，跟孩子一起体验竞赛的乐趣。有时出差在外，不能陪伴孩子，他们便每天晚上和孩子通电话，让孩子感受到父母的思念和关怀。

让奥巴马感到自豪的是：在竞选总统长达 21 个月的时间里，虽然工作繁忙紧张，但他没有错过任何一次家长会。

所以说，因为忙而无暇关爱孩子，有时只是一个借口。只要你想跟孩子在一起，不论多忙，总能挤出时间来。

关掉你的电子设备，抛开一切杂念，全身心地陪孩子一起享受自由自在的欢乐时光，这是再多的成就和金钱都无法取代的。我们给予孩子锦衣玉食，他们不一定欢喜，但陪在孩子身边和他一起玩

游戏，他们肯定开心。家庭成员齐聚一堂，有助于情感交流。妈妈可以利用这个机会，讨论每个家庭成员应该承担的家庭责任，做到有困难一起度过，有快乐一起分享，让每个家庭成员知道，家永远是最温馨的港湾。

李娜的儿子12岁，她觉得自己和儿子就像是两个星球的人，完全无法理解儿子的语言和习惯。母子之间的大部分交流是她告诉儿子应该做什么、怎么做，而她说得越多，儿子就越沉默。后来，儿子提出想跟妈妈学下围棋。虽然工作很忙，但李娜还是答应了，为了有更多的时间教儿子下棋，她每天很早就来到单位，提前完成当天的工作任务。没过多久，母子关系有了改善，两人在很多问题上都能达成默契，原来在妈妈心目中"不听话的儿子"现在成了体贴妈妈的小男子汉，原来在儿子心目中的"工作狂妈妈"现在成了和蔼可亲的好伙伴。

一起用餐也是培养亲情的良好机会，在轻松享受美食的同时，妈妈可以制造一种友好、融洽的气氛，与孩子进行交流。这样既可以知晓孩子在学校里一天的表现，适时进行引导；同时妈妈也可以分享一些自己在工作中的成果，对孩子树立正确的人生观、价值观起到潜移默化的作用。

孩子通常喜欢逗乐，喜欢幽默，一则小小的笑话就足以让孩子开怀大笑。如果妈妈懂得营造幽默气氛，善于用幽默化解尴尬，孩子不仅能愉悦地接受，还能学到幽默的本领，以轻松、乐观的态度对待生活。

值得注意的是，不要把亲子时间当成教育时间。有时妈妈们因为工作繁忙，总是充分利用陪伴孩子的宝贵时间，给孩子传授一些自认为该教给孩子的东西，但这种枯燥的说教会让孩子感到压抑甚至厌烦，不愿再与妈妈亲近。

正常情况下，孩子只要妈妈陪伴在自己身边就会感到安心；如果能融入妈妈的生活中，则会感到开心。因此，在陪伴孩子时，妈妈要做到与孩子情感的共鸣，走进孩子的内心世界，这样教育孩子才能起到事半功倍的效果。

2. 怎样听，孩子才肯说

现在很多家庭有着高额的房贷、车贷和教育支出，沉重的生活压力使得妈妈们不得不加倍努力地工作，等到下班回家已经精疲力竭，很少有时间和耐心跟孩子一起娱乐。即使有时间跟孩子在一起，也很难找到与孩子交流沟通的话题。

实际上，促进亲子沟通的有效方法，只有两个字——倾听。妈妈学会倾听，对孩子来说有很大好处。一是及时了解孩子的需求和心理变化，不至于在不了解孩子的情况下贸然做出决定，而且通过倾听，妈妈可以及时反省自己的言行，找到适合孩子的教育方式。二是提高妈妈与孩子之间的亲密性。妈妈愿意倾听孩子的心声，孩子会觉得妈妈是关注和尊重自己的，于是有什么心事也会愿意跟妈妈说。孩子愿意说，妈妈愿意听，在这种良性的沟通方式下，妈妈不必担心孩子不愿和自己说心里话，孩子也不用担心妈妈不理解自己，亲子关系自然就会变好。

媛媛是个小学四年级的学生，她性格开朗活泼、上课发言积极，但是最近她变得沉默寡言，学习成绩也下降了。经过多方了解，老师终于找到了媛媛性格大变的原因。

原来，媛媛每天放学回家后，都会把学校发生的趣事告诉妈妈，而妈妈对她一向要求严格，希望她能考上市重点中学，所以只关注她的学习，其余的事一点也不感兴趣。妈妈觉得媛媛说的事情不过是浪费时间，因此，每次媛媛兴高采烈对妈妈讲学校里发生了什么事时，总会被妈妈打断，妈妈还批评她说："整天只会说这些没用的，现在你要做的是将心思放在学习上，快去做作业！"有一次，媛媛高兴地跟妈妈说起班里发生的一件事，说了没几句，妈妈生气地说："跟你说过多少次，别再说这些没用的，怎么总是记不住！赶紧学习去！"媛媛委屈地跑回房间，关上门大哭起来。

这以后，媛媛在家里话越来越少，每天放学回家后便待在自己的房间里，因为她不想看到妈妈批评自己的样子，渐渐地，她的性格也发生了变化。

孩子的话语权得不到妈妈的尊重，久而久之就会产生对抗情绪，导致双方互不信任，沟通困难。据调查显示，70%~80%的儿童心理问题主要与亲子之间沟通不畅有关。

另外，妈妈让孩子把话说完，一方面有利于孩子宣泄情感，养成开朗、自信的性格；另一方面能帮助孩子提高表达能力，增强社会交往能力。

所以，孩子说话时，妈妈要停下手头的事情，眼睛看着孩子，认真倾听，并很自然地表现出对他的话题感兴趣。当孩子发表观点时，不要随意打断、插话，孩子讲完后，如果妈妈在某一重要原则上不同意他的看法，也不要过于武断地否定一切，应说明自己不赞同的理由，最好在探讨中达成共识。

比如孩子说他不想上学了，妈妈会有什么样的回应？"你怎么这么不上进！""你怎么可以这么懒呢！"这些带有价值判断的回应，会让孩子不愿与妈妈沟通。如果妈妈换一种方式回应，结果可能就不一样了。比如说："你最近对上学不太感兴趣，能告诉妈妈原因吗？是不是在学校遇到了什么困难，妈妈会和你一起面对。"

当孩子说出了自己的想法，妈妈不要去评价孩子的对与错，而应了解他为什么会有这样的想法。比如，孩子说同桌经常惹他，他很讨厌同桌；或者同学总是嘲笑他，他很憎恨同学，这时妈妈要理解孩子的委屈和不满，给予孩子安慰，待孩子情绪平复后，再进行正确的引导，让孩子知道讨厌与憎恨不是解决问题的方法，包容与尊重才是化解矛盾的有效之道。

有的妈妈一旦听到与自己观点相左的事情，便很容易发火甚至责骂孩子。还有的妈妈认为孩子说的都是鸡毛蒜皮的小事，因此不是打断就是敷衍孩子。这些都是对孩子的不尊重，慢慢地孩子就会失去对妈妈的信任，不愿意与妈妈沟通。

有人说，教育就是不断消除误解的过程。倾听孩子的内心感受，才能增进沟通，促进理解，与孩子产生情感上的共鸣，真正了解孩子成长过程中的烦恼，从而进行科学有效的引导，帮助孩子朝着健康、正确的方向快乐成长。

阅读小贴士：

高质量的陪伴应该是这样的：

1. 认真体会孩子的情绪，全情投入。高质量的陪伴一定是全情投入的，如果妈妈一边刷着朋友圈，一边陪着孩子，这不是真正的陪伴。妈妈必须全身心地投入到孩子的游戏中去，和孩子一起乐其所乐，认真体会孩子的情绪，并在这个过程中加以引导。

2. 了解孩子的兴趣爱好并加以引导和支持。高质量的陪伴不是自说自话，而是听从孩子的安排，和孩子一起玩游戏。认真观察孩子喜欢如何玩某种玩具，为什么不喜欢某些玩具，并且根据这些小细节对孩子进行鼓励和引导。

3. 向孩子敞开心扉，成为孩子的朋友

大部分妈妈认为孩子还小不懂事，因此不愿向孩子透露自己的心声。比如，孩子询问妈妈为什么情绪低落，是不是工作中遇到了难题，妈妈一般会轻描淡写地作答："没什么，我只是有点累。"或者"不关你的事，去玩你的吧！"而孩子有了心事，妈妈则刨根问底，迫切希望孩子向自己袒露一切。这种不平等的关系往往会成为亲子沟通的一道屏障。

如果妈妈能在孩子面前坦率地吐露自己的心声，有助于孩子了解妈妈工作的艰辛，从而更加珍惜当下的生活，而且孩子有了心事也会主动告诉妈妈。

陈芸是个单亲妈妈，最近她被公司裁员了，因为怕丢面子，也怕女儿担心，她向女儿隐瞒了这件事。由于没有找到工作，她怕待在家里引起女儿的怀疑，每到上班时间就像往常一样离开家，在外面到处转悠，到点了才回家。

一天，陈芸刚回到家，女儿跑过来问道："妈妈，你最近精神状态不大好，发生什么事情了吗？"

陈芸说："没事，妈妈只是工作有点累，你赶快学习去吧！"

女儿满腹疑虑地走开了。第二天，陈芸发现女儿有点闷闷不乐，好像有什么心事，于是关心地问道："你怎么了，发生什么事情了吗？"

女儿说："没什么,你忙你的去吧!"

陈芸说："不行,你必须告诉妈妈发生了什么事,妈妈要对你负责!"

女儿一听,不高兴地说："你有事情都不告诉我,我为什么要告诉你!邻居阿姨跟我说你失业了,但你还每天假装去上班,为什么要欺骗我?"

陈芸听了忍不住掉下了眼泪："乖女儿,妈妈只是不想让你担心。"

女儿哭着说："我已经不是小孩子了,家里的事情我也有知道的权利!"

陈芸向女儿保证,以后有什么事一定跟她说。这以后,母女之间的感情比过去更好了,不久,陈芸重新找到了工作,而女儿也变得更加懂事了。

向孩子讲述自己的困难、想法和愿望,是妈妈向孩子敞开心扉、和孩子成为知心朋友的前提条件。

如果妈妈能够真诚地向孩子敞开心扉,孩子就容易对妈妈敞开心扉,愿意向妈妈表达自己真实的想法和感受。在这个基础上,妈妈才有可能有的放矢地对孩子进行教育。

那么,妈妈应该如何向孩子敞开心扉呢?

一是跟孩子分享自己的喜怒哀乐。生活中,妈妈也会有情绪,如果妈妈能够和孩子分享自己的喜怒哀乐,那么孩子就能感觉到妈妈对他的信任和尊重,自然也会向妈妈敞开心扉。当然,在一些特殊情况或特殊时期,应该避免与孩子分享自己的烦心事,比如中考、高考期间等。

二是跟孩子分享自己的工作经历。让孩子了解妈妈的工作状况,告诉孩子妈妈是做什么工作的、妈妈所从事的工作对生活的意义,这些对孩子都很重要。

三是跟孩子分享自己的小秘密。妈妈将自己的某些隐私或秘密告诉孩子，这并不丢脸，反而能拉近亲子之间的距离，使孩子更加信任妈妈。

最近，宋楠发现16岁的女儿爱打扮，回家总盯着电话，很有可能是早恋了。她对待女儿一向民主，但心里也难免担心，怕女儿没有经验，处理不好这件事。几经思考，她决定以自己的亲身经历，跟女儿谈谈自己对中学生早恋的看法。

一天晚饭过后，宋楠和女儿聊天，看似无意地提到了自己的初恋。她说："告诉你一个秘密，高二的时候，我喜欢上了我们班的一个男孩，我们经常一起看电影、逛公园，每天都很开心。后来，我们的成绩都有些下滑，班主任看出了苗头，分别找我们谈了话。班主任没有批评我，而是从我的理想出发，循循善诱，引导我要珍惜美好的青春年华，把更多的精力放在学习上……考上大学后，我们到了不同的城市，这段感情就慢慢疏远了。与你爸爸恋爱之后，偶尔想起高中时那段所谓的'感情'，我也不明白那时怎么会喜欢上那样一个平庸的男孩。因为随着年龄的增长，我的眼界和心胸也不断开阔，资历与阅历不断加深，选择伴侣的眼光和评价标准也随之发生了变化。所以，我觉得中学时期的感情虽然美好，但一定要以学业为重，不要因为一棵树而放弃整片森林……"

宋楠讲述的时候，女儿一言不发，但看得出她在很认真地听妈妈讲话。这次谈话过后，女儿把更多的时间和精力放在了学习上。

在向孩子敞开心扉的同时，妈妈还可以将自己的期望告诉孩子，这个期望可以是短期的，也可以是中期或者长期的；可以是学习上的，也可以是事业上的，还可以是价值观上的。在告诉孩子父母对他的期望的同时，可以让孩子也谈谈他的观点。

当然，向孩子敞开心扉的过程可能不会很顺利，其间也许会有令人不高兴或失望的事情发生，对此，妈妈必须控制好自己的情绪，否则会给孩子的心灵造成不良影响，影响沟通的顺利进行。

4. 多一些鼓励，少一些唠叨

妈妈通常会希望自己说了后，孩子能听进去，并且马上改正，但这并不符合孩子的成长规律和年龄特点。孩子就是孩子，心智还不够成熟，有些事情他可能还不理解，有些事情可能暂时无法做好，妈妈要学会等待，允许孩子有学习的过程。孩子的成长需要一个过程，这段时间不会因妈妈着急和唠叨而缩短。

据资料显示，90%以上的孩子认为妈妈太唠叨，下面我们来看看一个女孩的经历：

小学期间我学习很用功，成绩不错，后来因为爱上了看课外书，把所有课外时间都用在了阅读上，成绩有所下降。有天午后，妈妈看见我又在读课外书，有些生气地说："你还看，快去写作业！"我小心翼翼地回答："看完这篇就写，10分钟就看完了。""行，10分钟，这可是你说的。"妈妈气冲冲地离开了，没过3分钟她又过来了，问道："看完了吗？你再不写作业，今晚又要熬夜了。"我没有理会妈妈，继续看书，但心里已经有点烦了。

这时，妈妈继续在客厅里抱怨："别的孩子都是一回家就写作业，你倒好，回家总看那些没用的书，写作业胡乱应付，成绩怎么能好呢。"我越听越烦,书是看不下去了,于是顺从妈妈去写作业,在开始写作业的 10 分钟里,我满脑子全是书中精彩的画面,懊悔自己没有坚持把最后一点读完,于是我蹑手蹑脚地跑回去拿出那本书,提心吊胆地看了起来……毫无疑问,我又挨了一顿说,结果那天的作业直到 12 点才完成。

用唠叨来改变孩子作用不大,只会让孩子产生厌烦情绪,因为没有人会喜欢一个一直嗡嗡作响的警报器。在上述案例中,孩子说好了 10 分钟后就开始写作业,妈妈应该相信她,如果 10 分钟过后她还没有开始写,再提醒也不迟。可是,妈妈太心急了,她的唠叨超过了女儿所能忍受的限度,于是内疚感消失,取而代之的是厌烦和逆反心理。

是的,一个唠叨的人谁都怕,一个唠叨的妈妈怎能不让孩子心烦透顶呢?妈妈口干舌燥,反复说教,孩子却耳朵里听起了茧,由心烦到反感,由反感到叛逆,直至两败俱伤,亲子间形同水火。所以,要把话说到孩子心里去,妈妈首先应该提高说话的质量,尽力减少唠叨。

在孩子成长的过程中,有很多事情需要妈妈操心,但也有些事情是无关紧要的,随着孩子长大自然会变好。因此,妈妈不要把孩子盯得太紧,应该把精力放在与孩子成长有关的重要事情上,如孩子的人生观、价值观、学习习惯和方法的培养等。正确的方法是:可说可不说的就不说;同时有好几件事要说的,就拣一件最重要的说,其他的事情等这件事了结后再说;复杂的事情要分步骤说,先从孩子最容易做到的步骤说,完成这一步再说下一步。

孩子犯错后,试着只批评一次,告诉他错在哪里。如果孩子明白了,就不用再说;如果孩子有需要改变的地方,可以明确指出问题所在并提出期望,同时尊重孩子改变的过程。一定要就事论事,用尽可能简洁的话语来表达。千万不要把陈年老账全翻出来,那样只会让孩子越来越没有自信。

假如有必要重复地说,那也要改变唠叨的语气,换成提醒的口吻。唠叨让人厌烦,容易招致怒气,而提醒的语气听起来则有帮助的意味,表示你和孩子站在同一边。比如,打算几点之前完成作业?什么时候方便给老师打电话?看完这集电视可以洗澡吗……

当说教无效时,妈妈不妨停止语言的劝诫,改为行动处罚,让孩子反省自己的过失。如果孩子有悔意,就不要过多地进行指责。毕竟妈妈的唠叨很多时候不是在教育孩子,而是在为自己的辛劳找心理平衡。

阅读小贴士:

妈妈在教育孩子的过程中,要注意超限效应。所谓超限效应,是指刺激过多、过强或作用时间过久,从而引起被刺激对象心里极不耐烦或逆反的心理现象。

在这方面有一个典型的案例:有一次,美国著名作家马克·吐温参加一个产品展销会,听销售人员介绍一个多功能书柜,他认为很实用,打算购买一套。三分钟过去了,销售人员还在不停地讲解,他有些不耐烦了,决定只买其中一件。又一个三分钟过去了,销售人员还在没完没了地讲,于是,他决定一件也不买了。随行的同伴见马克·吐温不买了,也跟着离开了。

由此可见,好东西一旦"超限",不仅不会起到积极作用,反而会减弱其应该带来的影响。

教育孩子也是如此。有时孩子没有将事情做好,妈妈往往会批评他,面对批评,孩子的心里会感到不悦,而且不悦的程度会随着批评的时长而逐渐加重。

5. 多一分耐心，少一分责备

很多妈妈会有这样的感受，孩子既是爱又是恨的复合体。当你疲惫不堪、昏昏欲睡时，他却精神十足、上蹿下跳地吵着要你陪他玩耍；正吃饭时，他却把头摇晃得如拨浪鼓似的说要看电视；当你收拾完碗筷刚想坐到沙发上喘口气时，他又嚷着说肚子饿了。这个时候，妈妈往往控制不住自己的情绪，让你睡觉你说不困，让你吃饭你喊不饿，你不是存心想气死妈妈吗？

演员陈乔恩曾经在节目上说自己小时候经常被妈妈打，以至于童年一直"活在恐惧中"。现在她和妈妈的关系也不是很亲密，和妈妈独处时根本不知道要说什么，气氛十分尴尬。

陈乔恩在事业上取得了很大的成功，但在现实生活中她的性格却比较孤僻，不善于与人沟通。在妈妈面前，她依旧怯懦、无措得像个小女孩，生怕自己做错什么，说错什么，招来妈妈的打骂。

童年的经历，确实会影响一个人的一生。没有哪个妈妈喜欢对孩子发火，都希望能和孩子好好相处。陈乔恩的妈妈在接受采访时表示，作为一个母亲，绝对不会刻意对孩子不好，经常打骂孩子是错误的行为，这些道理父母都懂。但有时就是失去了耐心，不想好好跟孩子讲道理，所以就选择了最愚蠢、最直接的方式——打骂孩子。

妈妈控制不住自己的情绪，失控了就对孩子大吼大叫，甚至动手打孩子，事后才意识到自己错了，可是为时已晚，怒火已经烧到了孩子，还可能造成孩子一生的心理阴影。

当孩子打破砂锅问到底，没耐心的妈妈流露出厌烦的表情，可能打消了他的好奇心。

当孩子要求妈妈再讲个故事，没耐心的妈妈找借口推说忙，可能推掉了他的求知欲。

当孩子主动做一件事情，没耐心的妈妈不让他插手，可能推掉了他的责任感。

当孩子慢吞吞地穿衣系鞋带，没耐心的妈妈快速代劳，可能帮掉了他的独立自主。

当孩子说自己考试成绩不好，没耐心的妈妈露出失望的表情，可能打击了他说真话的勇气。

当孩子认真画了一幅画，没耐心的妈妈忘记鼓励表扬，可能埋没了他的艺术创造力。

由上可知，对孩子多一点耐心，让他能够自由地成长，或许才是妈妈送给孩子的最好的礼物。

保持耐心，是一个巨大的挑战。妈妈们都想让自己变得很有风度、很有涵养，但有太多的理由使她们无法做到这一点。为了让孩子健康快乐地成长，相信所有妈妈都愿意去努力，去改变。

想一想你通常会在什么情况下对孩子失去耐心？大部分妈妈的回答是：最累的时候。当你身心俱疲地下班回到家，还要面对不停要这要那的孩子，怎么会有好心情呢？而孩子最容易在这个时候撞到大人的枪口上。孩子盼了一天，迎回来的却是不耐烦的妈妈，这显然是一种心理伤害，而妈妈事后也总是心怀愧疚，长久下去，亲子关系难免会出问题。

　　对于妈妈来说，家庭与事业是个两难的命题。忙工作、忙事业都是为了孩子，为了让全家人的生活过得更有品质。首先妈妈要明确一点，淘气是孩子的天性，他们随时都有可能惹你生气，但是生气发火就能让孩子不调皮吗？答案往往是否定的，这时妈妈应该稳住自己的情绪，再表达自己的不满，否则就会把孩子完全推到自己的对立面，孩子不跟你作对才怪呢！这时，妈妈可以先深吸一口气，让自己语气严厉的同时保持平稳，然后明确告诉孩子："你这样做让我感到很不高兴。"如果类似的话和严肃的表情不起作用，妈妈可以进一步表达自己的心情："我很生气！你实在是太不像话了！"当孩子停下来后，继续向他说明妈妈生气的原因以及担心的后果等，比如"在学校跟人打架是不对的"，"骑车的时候不看路就会撞到别人"。这样既能让孩子明确什么可做什么不可做，又能在一定程度上对孩子起到震慑作用。

　　还有的时候，妈妈是因为孩子太磨蹭而失去耐心。有的妈妈自己精明能干，偏偏生了个磨蹭的孩子，于是，不论孩子干什么，妈妈都觉得着急上火，而孩子则因为妈妈经常发火而变得无所适从。如果换一种方式来对待磨蹭的孩子，做到因材施教，情况可能就不一样了。比如把起床的时间提前10分钟，给孩子留出充裕的洗漱、换衣服时间，并且多鼓励孩子："你真棒！今天比昨天快了1分钟，相信明天会比今天更快。"在妈妈的帮助与鼓励下，孩子的磨蹭也会有所改变。

　　总之，和谐的亲子关系要建立在心平气和的基础上，对孩子多一点耐心，也算是妈妈的一种修炼。即使再苦再累，妈妈也不要对孩子发脾气，要做到让孩子想起妈妈就觉得开心，和妈妈在一起是一天中最值得期待的事。

6. 冷静应对亲子冲突

当亲子之间发生冲突时,妈妈常常陷入左右为难的困境,不知道该以权威、严厉的态度来解决冲突,还是以宽松、包容的态度来化解问题。如果采用权威、严厉的态度来压制孩子,孩子会觉得妈妈永远都是赢家,自己只能乖乖听话,心里很不情愿;如果采用宽松、包容的态度,妈妈则会觉得自己"输"掉了威严,担心以后再管教孩子可能会很难。

下面我们来看一个亲子冲突的具体案例。

外面正在下雨,妈妈要求女儿穿上雨衣,女儿却不愿意。

妈妈:"下雨了,你把雨衣穿上吧。"

女儿:"我不想穿。"

妈妈:"不穿雨衣你会淋湿的,那样很容易感冒。"

女儿:"我不想穿那件雨衣。我讨厌穿雨衣。"

妈妈:"我只知道穿上雨衣你才不会被淋湿和生病。赶紧给我穿上!"

女儿:"我不穿!"

妈妈:"必须穿,不然就别出门了。"

女儿:"可是……"

妈妈:"别再找理由了,赶紧穿上!"

最终,女儿屈服了,心不甘情不愿地穿上了雨衣。

在这个案例中,孩子虽然听从了妈妈的安排,但她是被迫服从的,而且这样做产生的负面效果比孩子患感冒还要严重得多。

"冲突"原本就是生活的一部分,当它在家里自然、公开地出现时,无须逃避,这样孩子才有机会体验冲突,并从中学习如何与父母沟通、化解冲突。如此一来,日后当孩子踏入社会遇到冲突时,才能冷静、理智地处理问题,进而建立起良好的人际关系。

林芳是位早教老师,生活有品质,有秩序感,但当她有了孩子后,一切都失去了控制。她的女儿性格活泼外向,喜欢玩各种游戏,每天放学回家,女儿就央求妈妈陪她玩游戏。林芳希望女儿独自玩,女儿却不依不饶,甚至哭闹起来。女儿刺耳的哭声,对林芳来说简直是一种折磨,让她感到非常糟糕。

林芳知道自己无法改变女儿的个性,为了减少自己的吼叫,她采取了一些策略。首先,每天从学校接到女儿后,陪她在外面玩一个小时,有时到附近的湖边跑步,有时一起去超市购物,有时到图书馆看书,合理利用这些与女儿独处的时间,对她进行安抚。其次,林芳帮女儿做了一个作息表,如果女儿能遵守,并有出色的表现,就同意她周末邀请同学到家里来玩。最后,借用定时器培养女儿的耐心,告诉她:"我 30 分钟之后就能陪你玩。"将定时器调至 30 分钟,当女儿养成习惯后,定时器的时间还可以适当延长。

亲子之间的关系质量不在于发生的冲突有多少,而在于冲突发生之后怎样解决。冲突既可以使亲子关系生疏,又能带来更为团结的生机。实际上,解决亲子冲突并没有想象中的那么复杂和困难,只要把握以下几个简单的步骤,就不会掉入亲子战争的陷阱里:

首先最为关键的一步,是明确亲子之间的冲突所在。妈妈要积极倾听，了解孩子的需求，同时也将自己的真实感受告诉孩子，以同理心和孩子取得共识。

然后试着听取孩子的意见，并提供自己的解决方案。不要评判或贬低孩子的任何主意，先接纳，并鼓励他多想一些方案。在这个过程中，妈妈要坦诚说出自己不喜欢的方案，排除不可行的方案，把范围渐渐缩小到1~2种。

值得注意的是，不要把一个决定看成是最终决定，可以先尝试去做。如果解决方案需要完善，最好把它写下来。一定要确保双方对方案的意见一致。与此同时，妈妈要细化这个方案，明确谁在什么时候做什么。

解决亲子冲突，需要艺术，需要技巧，也需要学习。全新的亲子关系，需要妈妈用爱心、耐心和智慧去创造和呵护。

阅读小贴士：

亲子冲突常见的10种类型：

1. 命令式冲突。"快把电视关掉，马上去睡觉！""哼！关就关！"

2. 武断式冲突。"哭什么哭！你肯定是和别人打架了。""我没有，是别人先撞疼我的！"

3. 威胁式冲突。"下次你再和小朋友打架，就不许你回家！""我才不想回家呢，我去爷爷奶奶家！反正你们老是骂我。"

4. 说教式冲突。"跟你说过多少次了，晚上要早点睡。你看我上班又要迟到了。""天天说这个，你烦不烦？"

5. 无知式冲突。"看你画的老鼠，怎么只有一只耳朵！""动画片中有只老鼠就叫'一只耳'。"

6. 斥责式冲突。"这么简单的题都不会做,你怎么这么笨,跟猪似的!""你才跟猪似的!"

7. 厌烦式冲突。"一边玩去,我忙着呢,天天怎么那么多问题啊!"孩子悻悻地走开了。

8. 出气筒式冲突。"每次接你都得挨老师的批评,你让妈妈的脸往哪儿搁?你就不能争点气吗……"孩子吓得不敢出声了。

9. 顶牛式冲突。"你今天在学校又闯祸了吧,看我回家怎么教训你!""你又要打我,老师说打人不是好孩子。"

10. 不了解式冲突。"你干吗每天都把抽屉里的东西翻得乱七八糟!""我放的东西,你最好别动。"

第四章 停止吼叫,践行赏识教育
——好孩子不是吼出来的,而是夸出来的

赞赏是成就孩子优秀的基石,激励是成就孩子自信的法宝,鼓励是成就孩子进步的动力。妈妈在生活中要及时肯定孩子的优点和努力,表扬孩子的进步和变化。

1. 不要戴着有色眼镜去看孩子

俗话说："三岁看大，七岁看老。"意思是说，从孩子小时候的一举一动，就可以看出他长大成人后的成就。当然，人是不断变化的，如果长期用一种眼光去看待一个人，也难免会形成一种偏见。妈妈对自己的孩子会有偏见吗？这种偏见会不会影响亲子沟通？答案是肯定的。妈妈对孩子的偏见，是因为特别在意孩子，总是担心孩子这个做不好，那个做不好。如果这种担心没有变为具体的指导，告诉孩子应该如何去做，或者着重培养孩子的某项能力，而仅仅表现为担心，久而久之，这份担心就会变成对孩子的一种偏见。

这天妈妈下班后回到家里，看到家里的一只碗碎了，她想，肯定又是乐乐干的。他一向调皮捣蛋，整天惹麻烦。乐乐正在屋里做作业，妈妈把他叫出来，批评了他，但他却摆出一副被冤枉的样子。"不是你，还能是谁？"妈妈说。"是爸爸！"乐乐委屈地说，"放学回家后我就进屋做作业了，爸爸说要打扫卫生，不小心摔坏了碗。"

过了一会儿，爸爸从外边买菜回来了。原来，事实正如乐乐所说，碗不是他打坏的，而是爸爸打扫卫生的时候，不小心把碗摔到了地上。妈妈之所以冤枉乐乐，正是由于她对乐乐一贯的调皮抱有成见。

生活中，有些妈妈面对朝夕相处的孩子，仅凭个人感觉便给孩子贴上"好孩子""坏孩子"等不同的标签。从心理学的角度来看，以积极的态度对待孩子、暗示孩子，孩子就有可能朝着积极的方向发展；相反，如果对孩子存在偏见，或者总是说些负面的话，孩子就很可能朝着相反的方向发展。

佩佩做事一向马虎，妈妈为此经常批评她。开始时，佩佩还努力想要改掉马虎的毛病，后来妈妈说得多了，她不仅不承认自己马虎，还理直气壮地顶撞道："你老说我马虎，我一点也不马虎……"说完留下气愤的妈妈，转身出门去了。

一位教育家曾经说过："一个孩子坚信自己受了冤枉，是没有一个辩护律师能辩得过他的，而他肯定是很多次受到了莫须有的指控。"不可否认，孩子确实会有马虎的时候，但不可能每一次都马虎，而妈妈却习惯性地喜欢为孩子的某种行为定性。

比如，有些妈妈一旦发现孩子小时候有不聪明的表现，便断言"这个孩子太笨了，这么简单的问题都不会，以后肯定不会有什么出息！"随之而来的就是对孩子的爱骤然降温，从此，孩子经常会受到妈妈的责骂和轻视。其结果是，肉体施暴，伤及皮肉；心灵施暴，损毁自信。受伤的皮肉可以康复，但受伤的心灵却一辈子都难以愈合。

教育孩子，关键是唤醒孩子内心的灵魂。作为妈妈，不要总是戴着有色眼镜来看待自己的孩子。孩子犯错误、走弯路，是很正常的事情，我们不能阻止孩子的成长，不能总用过来人的眼光看待孩子在成长过程中出现的一些问题。那么，妈妈应该怎么做才能消除对孩子的偏见呢？

妈妈要明白，每个孩子都有自己的长处，孩子在这方面比别人差，但可能在另一方面强过别人。对于孩子来说，缺少的往往不是成功，而是发现。妈妈要避免拿孩子的缺点和另一个孩子的优点进行比较。平时在言行上也要讲究分寸，绝不能对孩子说"你有姐姐一半乖巧就好了""哥哥这么聪明，你怎么这么笨"等。

对于孩子的问题，应尽可能多角度去了解分析，避免以偏概全，笼统否定。比如孩子某次作业没有做好，错误比较多，应该看看哪些题做错了，出错的原因是因为马虎还是根本不会做。如果不会做，是老师讲解时没有听清楚还是做作业前没有复习。还有的孩子是抄错了题，抄错了答案。只有找到问题的根源，才能最终解决问题。

孩子的可塑性很强，过去不等于现在，更不等于未来。妈妈不要因为孩子目前存在缺点而忧心忡忡。如果操之过急，或责骂，或发火，或施压，对解决问题毫无帮助。比如，有的孩子做作业写字太慢，可能和孩子的手部肌肉力量不够、手的精细动作不完善有关。而学习考试粗心，是每个孩子都会犯的错误，这和孩子的注意力、短时记忆力的特点等有关。以上这些和生理有关的问题，到了一定年龄会有所改变。所以，妈妈应该消除对孩子的偏见，对孩子点点滴滴的进步给予肯定。当孩子感受到妈妈的肯定和期望后，就会增强自信心，进而获得更大的前进动力。

另外，妈妈不能只盯着孩子某一方面而忽视了其他方面。比如不要光看孩子的学习成绩，还应该看到孩子的性格、文明礼貌、劳动表现、人际交往、文体才能、兴趣爱好、动手能力、卫生习惯等其他方面，妈妈考虑的面宽了，就会看到孩子其实也有很多优点。

阅读小贴士：

心理学家库利有一个关于自我的定义："对每个人来说，他人都是一面镜子，个人通过社会交往了解到别人对于自己的看法，从而形成自己的自我。"

在孩子的成长期，接触的人主要是父母（也可能有其他抚养人，此处可适当进行替换），最信任的人也是父母。在这个时期，孩子眼中的父母就是权威，是整个世界。父母对孩子的看法很大程度上决定了孩子的自我认知。由于认识的局限性，他几乎无法判断父母语言的对错，尤其是当父母不断地重复对孩子的评判时，孩子会觉得自己就是父母口中的样子。

2. 告诉孩子要知错必改

人非圣贤，孰能无过。犯错并不要紧，重要的是如何面对，是否有勇气承认错误，并努力改正自己的过错。孩子在成长的过程中会犯下各种各样的错误，也可能会伤害他人。孩子犯错后，有些妈妈认为孩子还小，犯错是难免的，根本不需要道歉，就算要道歉，也应由父母代劳。

然而，这样做有百害而无一利：一是孩子没有从错误中得到应有的教训，没有学会对自己的言行负责；二是认为犯了错有父母担着，于是反复犯错。让孩子自己承担后果、付出代价，不仅是为了得到别人的原谅，也是为了让孩子从小树立责任感，以便将来更好地融入社会。一旦孩子能够发自内心地说出"对不起"，他不仅是掌握了一项社交技能，更重要的是，他学到了怎样补救自己的过失，怎样对自己的言行负责，怎样照顾他人的情感。

网上曾经广为流传一个"熊孩子"在电梯里小便的视频，孩子的妈妈知道后，没有打骂孩子，而是主动在业主群内道歉；孩子也写了一封检讨书，并承诺打扫电梯一个月作为补偿，从而赢得了大家的原谅。这个妈妈的教育方式被视为教育"熊孩子"的模板。

发现孩子犯错后，妈妈没有护短，而是做出表率，勇于承认错误。当然，仅仅道歉是不够的，还要积极去改正——破坏了环境就要去弥补，爸爸亲自陪同孩子去打扫卫生。这样的认错方式对孩子来说是深刻的，而采取这样的教育方式，再"熊"的孩子也能变好。

伟大的教育家夸美纽斯曾经说过："犯了错误的人应该受到惩罚，但他们之所以受罚，并非因为他们犯了过错，而是为了使他不再犯。"合理的惩罚不仅是适当的，而且也是必要的。合理的惩罚有助于孩子形成比较坚强的性格，还能培养孩子的责任感，锻炼孩子的意志。

所以，孩子做错了事，妈妈要及时进行教育，以理服人，正确引导，让孩子学会为自己的错误道歉，同时学会负责。

很多时候，孩子犯错是因为缺乏判断是非的能力，当他犯错后，通常希望能够得到妈妈的原谅。这时，妈妈可以告诉他："如果你做错了事，我希望你能够诚实地告诉我。也许我会有一点点生气，但是，我会更高兴你能告诉我事情的真相。"不要过多地责备孩子，而应该帮助孩子分析错误的原因、严重程度、不良后果等，教孩子应该怎样去做，不断丰富孩子的生活教训，在错误中学习成长，最终学会辨别是非对错。

有的妈妈在孩子不敢承认错误的时候，会对孩子说："没事，只要你承认错误，我就不追究这件事了。"可是，当孩子承认错误后，妈妈便完全忘了之前所说的话，对孩子进行打骂。这是非常错误的做法，不但会损害妈妈在孩子心目中的形象，而且会让孩子在以后犯错的时候倾向于选择撒谎，形成恶性循环。

如果孩子的错误对他人造成了伤害，应立刻进行补救。孩子刚刚犯了错，想要改正错误的愿望是比较强烈的，这时妈妈要顺势而为，让孩子积极承担自己的责任。此时不宜严厉苛责，而应采用较为开放、民主的方式，帮助孩子在错误中汲取教训，以及更好地了解自己。当孩子冷静下来后，妈妈可以温和地问他当时是怎么想的，为什么要那样做；如果下次遇到同样的问题，他会选择怎么做，有没有更好的做法。跟孩子探讨他的错误选择所造成的不良后果时，要把焦点放在解决问题、寻找出路上,积极弥补错误。这些开放式的提问,能够让孩子学会自己面对问题,理清行为错误的症结,并尝试解决问题,对孩子的思考力、行动力会有很大的促进作用。

当孩子为了挽回失误而努力时,妈妈应该肯定孩子的行为。勇于承认错误并承担责任,从孩子长远的发展来看,拥有这种品质的孩子,更容易拥有成功的人生。

如果孩子固执地不愿意道歉,也不要勉强他。因为强迫他表达并不真实的情感,不仅没有意义,而且很有可能导致相反的结果——撒谎。但是,这并不代表要对孩子妥协、退让,妈妈可以向他解释:"你破坏了别人的东西就应该道歉。"慢慢地,这个道理就会被孩子理解。

阅读小贴士:

当孩子犯错时,妈妈不要着急,不妨试着按照下面的顺序来了解问题的始末:

"发生了什么事?"
"你的感觉如何?"
"你想要怎样?"
"你觉得有什么办法?"
"这些方法的后果是什么?"
"你决定怎么做?"
"你希望我做什么?"
"结果怎样,有没有如你所料?"
"下次遇到类似的情形,你会怎么选择?"

如此练习几次,孩子就能学会自己解决问题,相信那时妈妈也会庆幸自己没有插手。

3. 从细微处发现孩子的优点

俗话说，尺有所短，寸有所长。每个孩子都有自己的优点，有些优点需要妈妈用一双善于发现的眼睛去寻找，只要仔细观察孩子、爱护孩子，他们身上的闪光点是数不尽的。同时，孩子身上的优点还需要妈妈去放大并赞美，这不仅能够增强孩子的自信心，还能让孩子在某方面得到长足的发展。

日本儿童教育学家的一项研究曾经引起许多教育人士的关注，研究表明，经常受到父母夸奖的孩子和很少受到父母夸奖的孩子相比，前者成才率比后者高5倍。中国教育学家陶行知也说过："教育孩子的全部秘密在于相信孩子和解放孩子。而相信孩子，解放孩子，首先就要学会夸奖孩子，没有夸奖就没有教育。"可见，学会夸奖自己的孩子，是妈妈的必修课。

澄澄是个聪明且调皮的男孩，在家经常制造"麻烦"。这天，妈妈刚回到家，便听到爸爸正在生气地责备澄澄："没有收拾好自己的东西就跑出去玩！跟你说过多少次了，你还是爱摆个烂摊子！"爸爸说完，又开始数落澄澄的其他错误，比如粗心、脾气差、贪吃等。而澄澄则满不在乎地噘着嘴，一脸的不服气。

为了缓和僵局，妈妈说："澄澄身上是有很多缺点，我想他也知道自己那样做不对，但他身上也有很多优点啊！"

爸爸听了，心领神会地说："是啊，有缺点不要紧，只要改正就是好孩子。澄澄身上确实有很多优点，比如热爱劳动、乐于助人。"

妈妈接着说道："还有，他做事认真，学东西很快。"

澄澄本以为妈妈也会批评自己，没想到妈妈竟然夸起他来。他被爸爸妈妈夸得都有点不好意思了。最后，妈妈说："澄澄你有这么多优点，我们为你感到骄傲，如果你能将自己的缺点改掉变成优点，大家一定会对你另眼相看的。"

澄澄轻轻地点了点头，若有所思。后来，他果然改掉了自己身上的很多"毛病"。

由上可知，孩子渴望赏识就像人需要阳光和氧气一样强烈。因为孩子往往认不清自己，需要靠父母的表扬来认识自我、增强自信。

每个孩子都有自己与众不同的地方，不仅表现在发展能力的差异上，比如有的孩子擅长演讲，有的喜欢数学，有的喜欢唱歌、运动，有的喜欢与人交往；还表现在发展速度的差异上，孩子会按照自己特有的时间进程发展自身能力，比如"神童"就属于智力发展得早的孩子，而有的孩子小时候会显得相对笨拙。

你的孩子属于哪一种类型呢？他是喜欢看书、写作、听故事、朗读，还是喜欢提出问题、解决数学难题、进行逻辑推理？他是喜欢聆听音乐、创作歌曲，还是喜好模仿表演、体育运动，抑或更擅长与人打交道，人缘特别好？你可能认为孩子到目前为止还没有让你感到特别满意的地方，其实，那是因为你没有仔细去观察。

美国成功学家拿破仑·希尔曾经说过："每个孩子都有许多优点，而父母总是盯着孩子的缺点，认为只有管好孩子的缺点，才能让孩子更好地成长。其实，这样做就像蹩脚的工匠，是不可能造出完美的瓷器的。"

妈妈应该善于发现孩子的优点，让孩子在自信中成长，充分发挥正面、有效的教育作用。哪怕是沙里淘金，哪怕那些闪光点微不足道，妈妈都应该发自内心地去赞扬、鼓励和引导孩子。

　　孩子如果感觉到妈妈爱自己，也会认为自己是可爱的，自己生命的存在就是一大优点。假如妈妈动辄打骂他，奚落他，他将萎靡不振。所以，妈妈要竭力发现和放大孩子的优点，引导孩子改掉不良习惯，从而使其建立自信，迈向成功。

　　在引导的过程中，妈妈要注意保持平常心。有时妈妈强迫的态度，很容易让孩子产生抵触心理。如果妈妈总是在孩子面前说别的孩子多么优秀，挑剔孩子，就容易使孩子产生自卑心理，觉得妈妈不喜欢自己，误会妈妈的用意。

　　还有很多妈妈经常以考试成绩来衡量孩子是否优秀，看不到孩子其他方面的优点。这个世界不是缺少美，而是缺少发现美的眼睛。也许孩子的学习成绩不如别人，或者长得不够好看，但他温暖的性格、谦逊有礼的态度、热爱劳动的品质，都是他的闪光点，值得妈妈去赞美。

阅读小贴士：

　　斯坦福大学发展心理学家卡罗尔·德韦克曾对纽约20所学校、400名五年级的学生进行长期研究。他对孩子们做了一系列的智力拼图测试，每个孩子完成测试后，研究人员会告诉孩子他的分数，并且随机将他们分为两组，一组给予鼓励，另一组则给予表扬。几轮测试下来，结果让所有人都感到惊讶，得到鼓励的孩子最终分数比第一次提高了30%，而得到表扬的孩子分数比第一次退步了20%。

　　德韦克教授认为，被鼓励的孩子容易形成"成长型思维模式"，认为失败是他们不够努力，然后努力用各种方法解决问题；而被表扬的孩子容易形成"固定型思维模式"，认为自己的聪明是天生的，他们为了保持聪明不愿冒可能犯错的风险。

4. 保护孩子的好奇心，唤醒其求知欲

孩子还不会说话时，就用好奇的目光东张西望，打量着周围多彩的世界；学会说话后，他开始问这问那，还经常提出一些稀奇古怪的问题："妈妈，为什么海水是咸的？""为什么飞机不会从天上掉下来？""为什么鸟儿会飞？"可以说，每个孩子都是一名科学家，他们接触自然、观察万物，脑子里充满了各种各样的疑问。

孩子提出的问题越多，说明孩子越富有好奇心和想象力，可惜有的妈妈会说："你怎么这么多问题，烦不烦？"于是，孩子的好奇心就在妈妈的呵斥声中逐渐被扼杀了。如果孩子把自然界的事物都看成是习以为常的事情，没有任何疑问，长大后他思考问题的角度就会变得很狭窄，目光也会很短浅，所有问题对他而言只有一个标准答案。

诺贝尔奖获得者利奥波德·鲁齐卡的父母没有什么文化，但鲁齐卡小时候有着强烈的好奇心，经常瞪着大眼睛问父母"天为什么是蓝的""水从哪里来"等许许多多的"为什么"。父母并不因此感到难堪，也从不阻止儿子发问，而是怀着喜悦的心情鼓励儿子。正是父母的鼓励，使鲁齐卡不断奋进，最终登上了科学的巅峰。

孩子的好奇心既是孩子思考的温床，也是孩子提问的源泉，要

想培养孩子勤于思考的习惯,就绝不能扼杀了孩子的好奇心。

有个小男孩看着东升西落的太阳问道:"妈妈,太阳是不是永远都这么亮啊?"妈妈没有直接回答孩子的问题,而是告诉他:"过些日子我们再来看,你就会发现太阳的秘密,得到答案了。"几天后,正好是阴天,小男孩东张西望,就是看不见太阳。等到云层渐渐散去,他发现太阳躲在云里,不像晴天那么亮了。这时,他的脑子里又冒出了一个问题:"妈妈,太阳是不是永远都那么圆?"妈妈同样没有直接告诉他,而是带他到网上找日食的视频。小男孩看到太阳一点点地消失,像被什么东西吃了一样,最后又重新变回原来的样子,他高兴地叫嚷起来:"太阳真有趣,从圆的变成弯的,又从弯的变成圆的。"

孔子在《论语》中告诉我们:"学而不思则罔。"洛克威尔曾说:"真知灼见,首先来自于多思善疑。"先贤哲人都认为,思考是学习的点金术。上例中妈妈的做法值得肯定和借鉴,既满足了孩子的好奇心,又让孩子明白了自然现象,培养了孩子好问探索的精神。

要想让孩子超越自我,妈妈一定要培养孩子的好奇心!一个人如果没有好奇心,对什么事都感到平淡无奇,就不可能会有发明创造,更不可能做出伟大的事业。

据说爱迪生小时候就是一个对所有事物都感到好奇的孩子。有一天,他在院子里看到一只老母鸡正蹲在窝里孵蛋,于是跑去问妈妈:"为什么老母鸡要一直蹲在自己的窝里不出来?"妈妈说:"母鸡要把小鸡孵出来,就要蹲在上面给小鸡温暖。"到了全家人一起吃饭的时候,爱迪生没有来吃饭,妈妈赶紧去找他,最后在鸡窝里找到了他,妈妈问他在干什么,爱迪生一本正经地说:"我在孵小鸡。"

爱迪生对身边的环境充满了好奇心,很多事情都想自己去弄个明白。在父母的引导下,他经常观察身边的事物,并产生了无限的想象力，从中学到了丰富多彩的知识。

在强烈的好奇心和刻苦钻研的精神驱使下，爱迪生最终成长为一个大发明家。

由此可见，善于思考者必定受益无穷。

如果妈妈能够从孩子小时候起就培养他勤于思考的习惯，对孩子的学习成长将非常有益。

妈妈要以积极肯定的态度鼓励孩子大胆思考，勤于提问，勇敢探索。如果是新奇的问题，即使是错的也要给予鼓励，因为关键是孩子在思考。而妈妈最重要的任务之一是培养孩子的思考能力。妈妈还可以向孩子提出一些创造性的问题，让孩子自己去试验，去解决，在摸索中渐渐养成创造的习惯。

在这个过程中，妈妈千万不要敷衍孩子，应该陪孩子一起寻找答案。孩子虽然小，但他能感觉到妈妈的态度，妈妈的敷衍会让他失去提问的热情，渐渐失去好奇心和求知欲。而且，如果妈妈一知半解，信口作答，给孩子错误的答案，他就会当成真理来记住。错误的观念一旦进入脑海，再想纠正就很困难了。所以，如果妈妈也不懂的话，可以和孩子一起寻找答案。另外，对于孩子的提问，妈妈可以不马上提供答案，而是进一步提出一个疑问和悬念，激发孩子的好奇心。

在寻找答案时，还需要善于查找和处理各种信息。会获取信息、处理信息的人更容易发挥其创造性。妈妈可以经常和孩子谈谈各种有趣的事情，告诉孩子获取信息的办法，并提醒孩子注意信息的准确性和时效性。

5. 带领孩子一起去探索世界

一位教育学家说过："孩子天生就是个探险家。"孩子出生后便开始了对这个世界的探索，他们对未知的事物充满好奇，渴望在探索中发现奇迹。但在生活中，妈妈们总是有意无意地阻止和限制孩子的探索行为，因为担心孩子有危险、脏、给大人添麻烦、弄坏东西等。她们不明白，孩子需要在探索中了解世界、认识世界，通过探索获取进步，而危险可以预防，脏了可以洗干净，虽然对大人来说有点麻烦，但比起孩子的发展，这根本算不了什么！

著名教育家陶行知先生曾经遇到过这样一件事：一位母亲对他抱怨说，她的儿子非常淘气，拆了她一块贵重的金表，为此她把儿子打了一顿。陶行知先生当即说："可惜呀，中国的爱迪生让你给枪毙了。"陶行知先生的话确实道出了在家庭教育中，父母是怎样无意识地扼杀孩子可贵的好奇心，影响孩子创造力的形成的。

研究发现，手指活动灵巧的孩子，大脑的思维活动往往非常活跃。在手工活动中，孩子进行的拆装、连接、装配等一系列动作，都要通过听、视、触等感觉系统传入大脑的运动区，再由大脑的运动区发出指令，不断调整手的动作，这样反复循环刺激，能使脑细胞的功能得到加强，思维水平得以提高。因此，孩子在自己感兴趣的手工活动中，能够得到智能的发展。

所以，妈妈不要怕麻烦，认为孩子做手工会弄得家里凌乱不堪；也不要怕孩子弄脏衣服和手，可以为孩子提供专门的衣服、擦手的小毛巾。至于孩子使用剪刀、针等危险工具，妈妈可以先进行指导，以后再逐步让孩子独立使用。这样既可以避免孩子初次使用时受到伤害，还可以训练孩子心、眼、手的协调性和灵活性。实际上，在一些探索活动中，只要注意培养孩子的一些好习惯，便可以解决很多问题。千万不要因小失大，使孩子失去锻炼的机会。

小洪特别喜欢动手做一些小实验，他经常会把一些旧玩具上的零件拆下来，然后重新利用，赋予这些玩具新的生命。客厅里到处都是被他拆得七零八碎的旧玩具。妈妈对小洪的这种行为不仅不反对，还经常鼓励他勤动脑，多动手。

一天，妈妈下班回家，发现楼道里的感应灯坏了，漆黑一片。恰好小洪这几天正在做电灯泡通电的实验，于是，妈妈叫小洪看看能不能想想办法。一根电线、两节电池、一只从坏掉的手电筒里取下的小灯泡，正负极一连接，小洪很快就使漆黑的楼道重新亮了起来。

很多时候，妈妈之所以不能忍受孩子的破坏行为，往往是出于对物品的爱惜，但是，如果仅靠训斥和禁止的方法遏止孩子的探索欲望，基本不会有什么作用，甚至会适得其反。妈妈越是阻止，孩子越想破坏。所以，与其冲着孩子大喊大叫，不如鼓励他把东西重新装好，或者坐下来与他一起探索和组装，使令人头疼的破坏活动变成有意义的实验活动。而对家里特别贵重或心爱的物品，妈妈可以提前告诉孩子不要去破坏它们。电器类物品也应严格禁止孩子拆装，而且要对孩子说明日常生活中的安全隐患。一些结构精密的物件应该保存好，最好放在孩子找不到的地方。

对于特别喜欢动手的孩子，可以找一些不重要、安全性较高的小物品给他拆卸，这样既不用严厉斥责，也满足了孩子的探索欲望。如果妈妈有兴趣，还可以和孩子一起体验动手的乐趣，探索机械的原理，和孩子一起在动手中成长。

总之，对待孩子的动手行为，妈妈应该学会因势利导，采取积极的态度和方法使"破坏王"变成"工程师"，帮助孩子改掉只拆不装的习惯，让他学会废物利用，变废为宝，体验组装和发明的乐趣。这样不但能促进孩子的成长，提高其思维能力和创造力，还能培养孩子的责任心和认真做事的态度。

有时孩子的行为可能会不合理，甚至存在安全隐患，但妈妈不要简单地进行制止，而应针对性地进行指导。平时可以鼓励孩子进行废物利用，比如用塑料瓶、纸箱、纸筒做各种玩具，还可以让孩子自己拆装破闹钟、废手表和旧玩具，从中培养其动手能力和创新能力。

阅读小贴士：

看看下面孩子先天好奇心的表现，作为妈妈，你有发现吗？

0~1岁，好奇的眼睛会到处看。

1~2岁，咿呀学语，等待大人反馈，用嘴巴舔咬接触到的东西。

2~3岁，爱说"不"，违抗父母的指令，看看父母有何反应。

3~4岁，用手触摸、按压探索各种东西（比如玩具，甚至是宠物）。

4~5岁，经常提出问题，凡事爱问"为什么"。

6岁以上，趋向于探索高科技的东西。

6. 好孩子都是夸出来的

一位教育家说过一句非常有哲理的话："好孩子是夸出来的。"善于当着外人的面表扬和尊重孩子，会让孩子充分感受到妈妈对他的重视和欣赏，从而产生无穷的力量和信心。

一位妈妈和邻居聊天的时候说："你家姑娘真乖巧，不像我家乐乐整天吵吵闹闹的，让人心烦。"一旁的乐乐听见后，怯生生地说："妈妈我乖。"不料妈妈大声说："你哪里乖了，就知道调皮捣蛋，烦人，一边去！"过了几天，家里人发现乐乐不再像往常那样活泼可爱了，每次看到妈妈下班回来，他就躲到椅子后面。妈妈说："乐乐过来，让妈妈抱抱！"乐乐小心翼翼地走到妈妈身边，抱抱妈妈后，竟然冒出一句："妈妈我乖，你别心烦。"

很多妈妈喜欢互相夸别人家的孩子，特别是妈妈们在一起聊天的时候，夸奖别人的孩子成了获取对方好感的重要手段。这并不是什么坏事，需要注意的是，当孩子受到夸赞时，如果你不认同，没有必要马上纠正，更没有必要把孩子的缺点也说出来；如果你认同并附和对方的赞赏，孩子会非常高兴。比如，别人当着你的面说："你家孩子做事很认真，学习成绩也好！"你可以接口道："是啊，他确实比较认真。"孩子听了一定会很高兴，以后会表现得更好。

演员宋丹丹在《幸福深处》中说,有一次,儿子巴图生病,我对小阿姨说:"我发现巴图和别的孩子不一样,别的孩子吃药都哭,可他从来不哭,他不怕吃药。这一点他和别的孩子真的很不同。"然后我把中药端给他,他捧着碗,烧得红红的小脸一副紧张的表情,闭着眼睛一口气就把药喝了下去。大家都赞不绝口。从那以后,多苦的药他都不怕。

在日常生活中,妈妈可以利用身边的小事来夸夸孩子,比如孩子孝敬老人、礼貌让人、助人为乐、学习进步、爱劳动、讲卫生等,都可以成为妈妈赞美的理由,或许就是因为妈妈不经意间一句肯定的话语,使孩子像那些名人一样奋发图强,创造出人生的辉煌。

孩子也爱面子,他们对表扬是极其敏感的,觉得获得夸赞是被人肯定的标志,尤其是得到妈妈的当众夸奖,更会让他们感到莫大的快乐和满足。

不过,妈妈在外人面前夸奖孩子时,应该注意夸奖的态度要真诚,不能在外人面前夸大地炫耀和吹捧孩子,更不要不切实际地吹嘘;夸奖要实事求是,根据孩子的实际情况进行夸奖,不能纯粹为了夸奖而夸奖,否则容易使孩子滋长骄傲自满的心理;夸奖要讲究分寸,夸奖的话并非越多越好,否则,习惯了夸奖的孩子很可能会接受不了哪怕很小的批评。

阅读小贴士:

自我意识对孩子的心理发展意义十分重大。孩子怎样认识自己,怎样安排和处理自己与周围世界以及别人的关系,怎样评价自己的能力,具有怎样的自我价值观,树立什么样的自我形象,直接影响孩子能否适应社会、能否保持心理健康、能否在学习生活中顺利前进和发展。

  自我意识在人的心理活动和行为中起着调节作用，是行为的强烈动机。一个具有良好自我意识的孩子，会在各方面表现出优秀的才能，经常取得成功。反之，如果孩子在自我意识的发展中出现了不良倾向，又没有及时调整，将使孩子的个性和行为发生偏差，以后矫正起来会比较困难。

7. 教育要"寓教于乐"

教育孩子的时候，妈妈往往喜欢板起面孔说教，其实还不如来点幽默，或许教育效果会更好。幽默的语言委婉含蓄、轻松自如、有趣可笑，给人以温和、友善之感，孩子容易接受。另外，幽默能使孩子在发笑的同时，领悟到其中蕴含的智慧和哲理，在笑声中得到启迪，比起直白的语言更具有启发性。

据调查显示，在中小学生中，将近90%的学生喜欢幽默风趣、平易近人、知识渊博的老师。同样的，如果妈妈在教育孩子的时候能够多一些幽默，孩子会更容易接受妈妈的教育内容，而且可以使亲子之间的沟通更加顺畅，家庭氛围更加融洽。

在一个充满幽默欢笑的家庭里，孩子会变得活泼、热情、开朗。妈妈作为启蒙教育者，跟孩子开些善意的玩笑，鼓励孩子说些健康的俏皮话，用幽默的方法教育孩子，是十分有益的。儿童心理学家认为，这绝非逗乐，而是在培养孩子健康欢乐的个性。

曾经有位女孩向妈妈吐露内心的苦恼："我以前从来没有对哪个明星疯狂过，但自从××出现后，我就产生了今生今世非他不嫁的念头，我该怎么办呢？"妈妈听了，诙谐地说："成人之美乃传统美德，我当然很乐意成全宝贝女儿的终身大事。遗憾的是，你已经是非他不嫁的第9999个姑娘,如果他跟第9998个姑娘离婚之后,我会很乐意让你带上丰厚的嫁妆嫁给你心爱的人。"妈妈的寥寥数语,使女孩羞涩地笑了起来,并逐渐走出了对明星的痴迷与狂热。

这就是幽默的神奇功效。在一些喜欢疾言厉色教育孩子的家庭中,由于缺少轻松和谐的氛围,孩子更倾向于将内心的困惑写在日记本上或是告诉同龄人,这使父母失去了和孩子沟通交流、及时施教的机会。上例中妈妈的话看似夸张,却完全符合生活逻辑,看似戏谑,却又不失真诚,女儿因此欣然领受,并幡然醒悟。如果妈妈板起面孔说教一番或是直接进行批评,只会使她疏远妈妈或产生逆反心理。

在家庭教育中,妈妈多一分幽默,孩子就多一分笑声、多一分欢乐、多一分力量。幽默不仅能消除妈妈与孩子之间人为的紧张情绪,而且可以让孩子在笑声中心情愉悦,达到寓教于乐的目的。

要想成为一个幽默的人,妈妈要善于捕捉生活中有趣的情节和对话,收集各种笑话和幽默漫画,与孩子一起分享快乐,引导孩子发现其中的有趣或奇妙之处,获得愉悦的情绪体验。还可以根据孩子的年龄和认识水平,选择合适的幽默作品和他分享。在欣赏与自己年龄相符的作品时,孩子不仅会对作品本身感兴趣,也会对作品的幽默之处有所期待,在一次次的重复中,他仍兴致盎然,开心地等待最精彩的情节出现,然后开怀大笑。

在欣赏同一个作品时,孩子和妈妈往往会从各自的角度,以各自的经验去理解作品。比如欣赏漫画《父与子》时,妈妈可能理解为"父子情深",而孩子的理解却是"这个孩子太调皮了"。妈妈应该鼓励孩子大胆发表自己的看法、发挥想象,这样孩子才能在欣赏的过程中获得情感的释放,提高理解能力,发挥想象力。

第五章　停止吼叫，接纳孩子的负面情绪
——给孩子的情绪找个出口

孩子在妈妈面前闹情绪，是对妈妈信赖的一种表现。妈妈要接纳孩子的所有行为，给孩子的情绪找个出口，待孩子心情平复后再给予正确引导。

1. 多理解，给予孩子抱怨的机会

当孩子抱怨生活、抱怨朋友、抱怨父母时，妈妈不能阻止孩子抱怨，因为这是孩子排解情绪的一种方式，抱怨使孩子有效地减轻自己的心理负担。

抱怨不像高兴、生气、难过那样比较容易分清和辨别，我们需要经过许多层情绪的剖析，才能弄清楚抱怨究竟因什么而起。因为它里面可能隐藏着生气、难过、紧张等复杂的情绪。所以，要想分清孩子抱怨的类型，寻找其抱怨的原因，帮助孩子改掉抱怨的习惯，妈妈需要对孩子的复杂情绪有相应的理解。

（1）有时孩子的情绪得不到宣泄，就会抱怨，希望可以得到父母和亲人的安慰。

（2）有时孩子的要求得不到满足，又没有足够的勇气直接提出自己的要求，于是只能通过抱怨来表达自己的愿望。比如，当孩子要求拥有属于自己的书房时，妈妈通常会以"大人也没有书房"为由拒绝孩子的要求，其实，孩子并不一定非要拥有自己的书房，他真正想要表达的，也许只是想告诉妈妈自己的读书计划，或者让妈妈知道自己不希望在学习时受到干扰，但妈妈连诉说的权利都不肯给他。

（3）有时孩子因为缺少协助和鼓励，也会产生抱怨。这类孩子的想法通常比较悲观，因此妈妈需要进行正面引导，帮助孩子提高社交技巧。

（4）有时孩子得不到他人的重视，也会出现抱怨。生活中，有的妈妈怀着"望子成龙，望女成凤"的心态，一味对孩子提出过分的要求，从来不给孩子肯定和鼓励，无形中忽略了孩子这种心理上的需要。

最近一段时间，丁丁变得越来越挑剔了，总是抱怨这抱怨那。父母带她去爷爷奶奶家，她刚上车就开始抱怨怎么还不到。到了爷爷奶奶家，她看见午餐要吃茄子，很不高兴地说："怎么又有讨厌的茄子？"

周末在爷爷奶奶家住了两天后，父母来接她，她开始不停地抱怨爷爷把她的鞋带系得太紧了，奶奶梳头发弄疼她了……爸爸听了有些生气，很想教训一下她，但妈妈及时制止了。事后，父母经过分析，认为丁丁的抱怨只是一种情绪上的宣泄，主要是为了让父母多听她说说话。这以后，父母尽量每天抽出一些时间来陪她。渐渐地，丁丁又露出了笑脸，对人对事也不再那么挑剔了。

现在的孩子，学习压力一年比一年大，难免会有情绪和怨言。其实，抱怨本身并没有错，错的是压抑它，我们要求自己不要抱怨是不人性的做法，让孩子不要抱怨是违反人性的教养。孩子向妈妈抱怨，正是因为信任妈妈，才向妈妈寻求情感上的认同。孩子的抱怨隐藏着他的心理需求，等到孩子不抱怨了，把所有事都藏在心里，妈妈才真的需要担心了，因为那些不能言说的抱怨往往是可怕的大事，能说的都是小事，说出来得到安慰和认同就能解决。

那么，面对孩子的抱怨，妈妈应该怎样做呢？

对于爱抱怨的孩子，妈妈可以直截了当地表明自己对其抱怨的看法和意见，让他知道抱怨无助于解决问题，而且不会受到人们的欢迎。

有的时候，孩子抱怨只是想抒发内心的不愉快，他需要的是情感上的认同与理解，对此，妈妈要给予言语上的认同和抚慰，这比任何建议都更有用。

当然，有的孩子可能并没有意识到自己有抱怨和挑剔的毛病，对此，妈妈要多与孩子沟通，听听孩子的想法，站在孩子的角度思考问题。孩子抱怨也许是受了什么委屈或伤害，妈妈要试着找出问题的症结所在，引导孩子在抱怨之前想一想事情是不是真的那么严重，除了抱怨还有没有别的解决方法。慢慢地，孩子牢骚满腹的情况会有所改善，变得乐观积极起来。

如果孩子在抱怨的时候提出了请求，那么记得要给予孩子足够的帮助。如果妈妈只是听孩子抱怨却什么也不做，只会让孩子更伤心。

阅读小贴士：

抱怨型性格的妈妈，通常不会承认自己在抱怨，只会说别人不对，很难发现自己的错误，而且，她对很多事情都不满意，在单位抱怨领导和同事，在家里抱怨丈夫和孩子，和朋友在一起也抱怨朋友，因此，她一般很难有朋友。

抱怨型的妈妈容易造就抱怨型的孩子，这样的孩子一遇到问题就认为是别人的责任，哪怕是他自己的过错，他也会想出一百个理由来推脱。在学校里，孩子的表现也会比较消极，往往成事不足，败事有余，而且难以接受新生事物，本能地抗拒改变创新，因而大多数不被老师喜欢，而且也不被同学接纳，所以，爱抱怨的孩子人际关系较差。

2. 不压制，给孩子的愤怒一个出口

生活中，有的孩子性格急躁、脾气大，喜欢攻击别人，遇事不合自己心意便大哭大叫、摔东西、满地打滚；年幼的孩子会频繁自责，在游戏中模仿大人的话批评自己，年龄稍大一点的孩子甚至会出现伤害自己的行为；还有的孩子表面上很乖，会答应妈妈的所有要求，但有时也会选择沉默的方式，把愤怒放在心里。

有些妈妈认为孩子多动、脾气大无关紧要，自己小时候也是这样，长大就好了。其实，很多事例告诉我们，愤怒并非解决问题的正确方式，虽然愤怒可以快速解决问题，但是会影响人际关系和社会交往，给孩子的成长带来不利影响。所以，妈妈需要学会识别孩子的愤怒情绪，及时运用一些恰当的方式疏导孩子的愤怒。

但在现实中，妈妈们应对孩子的愤怒情绪存在一些误区，有时不仅没有疏导孩子的情绪，反而使孩子更加愤怒。著名哲学家奥托·魏宁格是这样描述的：当孩子生气哭闹的时候，如果父母企图用驱赶和制止的方式来控制孩子的愤怒情绪，那么只会使消极的情绪与日俱增，长期存续。因为孩子一切哭闹的行为都只是为了证明一个想法："我是对的。"

一位女士在文章中写到了她做孩子时的一个美好体验："童年时

在爷爷家里，哭是我的家常便饭。每次受委屈了就直接冲到爷爷家里撒泼，在水泥地上打滚，哭叫。爷爷为此铺上木地板，为我哭闹提供舒适的环境。而他坐在门外不声不响，毫不干涉。有了这个出气口，我现在始终还保持着内心的一份善良与平和。"

对成长中的孩子而言，他们的愤怒需要找到一个发泄的渠道，但因为心理、性格上的差异，有些孩子并不善于消解自己的愤怒情绪。那么，妈妈应该怎么教孩子释放愤怒情绪呢？

一旦发现孩子发脾气的苗头，妈妈要鼓励孩子把心中的不快倾吐出来，并搞清有哪些事情正在困扰孩子：没有安全感？自卑？不满足？是没有顾及孩子的感受，让孩子感受到了不公平的待遇？还是过多限制了孩子的行为，使孩子太过压抑？找出症结后，再给孩子提供一定的帮助。

有时孩子愤怒仅仅是觉得委屈和不满，如果妈妈能够及时体察孩子的心情，并用同理心表示理解，孩子的怒气便能消掉一半。如果孩子因为恐惧、不公平等原因而愤怒，妈妈需要帮助孩子整理一下情绪，使孩子的愤怒平息下来。比如说："你是不是觉得这样对你来说不公平，我也这样觉得！""我知道你受到了伤害，现在我们一起来想办法解决这件事情吧！"妈妈在给孩子提出忠告时要走近他，看着孩子的眼睛或摸摸他的肩膀，清楚、明确地告诉孩子应该怎样做，说明父母是无条件地爱他的。

当孩子正为某件事而在气头上时，要允许他发脾气。妈妈不妨先坐下来，安静地等孩子冷静下来，不要去打断他发泄怒气，这等于告诉他：我在意你，我在认真地关注你的感觉或问题。这有助于孩子宣泄心里的负能量，也是对孩子关爱的表示。

为了让孩子的怒气有个出口，妈妈可以教孩子用合理的方式来表达愤怒，而不是用身体动作、摔东西、骂人、打人等方式来发泄。

比如，当孩子的玩具被人抢走时，可以这样教孩子："去告诉他，玩具是你的，你想要回来，如果他不听，就不是个友好的小朋友。"当孩子被人欺负时，可以这样教孩子："告诉那人，你不想被别人欺负，请他向你道歉，否则你就会找父母或老师帮忙。"当孩子受到不公平的待遇时，可以这样教孩子："告诉对方，这样做是不公平的，但是你愿意暂时忍受不公平，希望下次不要再出现类似的情况。"

实践证明，信手涂鸦、投掷小飞镖、投篮等都可以消解孩子的愤怒情绪。妈妈可以在家中设一个"涂鸦角"，专供孩子张贴涂鸦作品。对于感觉自己受到冤屈的孩子，掷飞镖是"发射愤怒"的最佳手段。还有一种释放怒气的做法是，让孩子在纸上写下反击之语，孩子可以在能够独处的地方写下这类话。妈妈要告诉他，没有人能看到他写的内容，他可以自由地表达自己的愤怒情绪。最后告诉孩子，处理这类便条的方法之一是撕掉它们，然后将纸屑扫走，这样一来，假想敌也被扫走了。

阅读小贴士：

孩子发脾气时的应对法则：

1. 当孩子生气的时候，不要对着他大喊大叫或者再去挑衅他。
2. 当孩子发脾气时，不要试图跟他讲道理。
3. 不要对孩子使用身体暴力。
4. 不要定在原地不动。
5. 对坏行为而不是生气的情绪进行惩罚。
6. 不要给予过分严苛的惩罚。
7. 暂停一下，让双方都冷静下来。
8. 试着在孩子面前恰当处理自己的愤怒情绪。

3. 情绪无好坏，关键在于学会调节

情绪是每个人与生俱来的心理反应，无论是成年人还是孩子，都会体验快乐、兴奋、成功，还会产生挫折、悲伤、孤单、恐惧情绪。而学会调节自己的情绪，对于人生的幸福至关重要。孩子只有学会控制和表达自己的各种情绪，才能成为一个真正快乐的人。

有一部电影叫《头脑特工队》，电影讲述了一个11岁的小女孩莱莉大脑里的5个情绪小精灵——乐乐、怕怕、怒怒、厌厌、忧忧，是如何协调工作，帮她管理和修复她的情绪王国的故事。小精灵乐乐、怕怕、怒怒、厌厌、忧忧，分别对应着快乐、害怕、愤怒、厌恶、悲伤这5种人类的基本情绪。人们对这5种情绪是有褒贬的，快乐是好的，而悲伤、害怕等是坏的。然而，电影却用生动的方式告诉我们，每一种情绪都很重要。譬如，电影最开始时，没有人理解忧忧，大家都认为她毫无用处，只会把事情搞砸，但最后挽救危机的恰恰就是她。忧忧代表悲伤，悲伤才是真正将一切连接起来的纽带，她有一种将人和人连接在一起的潜能。

为什么人类在漫长的进化之中，深深刻在我们基因里的情绪是这样一种组合方式呢？是不是那些消极情绪都是多余的，就像阑尾一样？当然不是。充分认识消极情绪的积极意义，不逃避，不

排斥，不刻意隐藏，是培养高情商孩子的首要前提。而妈妈的责任是教孩子学会调节情绪，找到科学的疏导方法，使孩子以良好的情绪投入到每天的生活和学习中去。

圈圈性格急躁、毫无耐心，当她想要某样东西时，总是想马上就得到，不然就会大发脾气。每次她情绪失控时，父母都得想方设法地安抚她，渐渐地，妈妈接纳了她的性情与行为模式，不再坚持将她变成温和的孩子。

现在，妈妈会在圈圈失去耐心时保持沉默，直到她的心情平复后，再引导她管理自己的情绪。妈妈掌握了简单的要诀，知道如何防范她的脱轨行为。比如，吃过晚饭后，圈圈吵着要吃甜点，但妈妈说："现在还不行，要等大家都吃完饭、收拾干净后，才能和大家一起吃。"经过几次之后，圈圈知道了必须等碗筷都清洗干净后，才是吃甜点的时间。

妈妈要明白，情绪没有好坏之分，任何情绪都是可以被接纳的。当孩子出现情绪的时候，如果妈妈总能接纳他的情绪，孩子会接收到一个信息："情绪是正常的东西，可以坦然地面对它。"他会从妈妈那里学会接纳自己的情绪，今后遇到情绪时，就会积极地去应对。反之，如果孩子的情绪总是不被接纳，比如孩子养的宠物死掉了，孩子内心很难受，伤心哭泣是正常的事情，妈妈却对他说："男子汉应该坚强，怎么能哭鼻子呢。"于是孩子就自然学会了压抑自己的情绪，也学不会如何正确地处理情绪。

妈妈要明白，和大人一样，孩子的情绪背后也是有原因的，只是他们限于语言能力的发展水平，通常无法准确地表达，于是通过一些破坏性的行为来表达自己的情绪。所以，当孩子因为某些微不足道的事情而发脾气时，或许就是在提醒妈妈，他遇到了一些问题。

对此，妈妈需要有一双慧眼，在孩子出现细微的消极情绪时就积极应对，而不是等到情绪进一步升级。比如，孩子因为最好的朋友得到了他在球队渴望的位置而十分嫉妒，妈妈最好引导他把这种嫉妒的情绪说出来，而不要等下周两个孩子见面时让这种情绪升温、沸腾。

在听的时候，注意观察孩子的行为，捕捉他发出的信号；懂得运用自己的想象力，站在孩子的角度去体会他所处的情形；懂得用安慰性的话语、不带任何批评地去回应自己听到的一切；懂得帮助孩子标注自己的情绪；最重要的是，用自己的心灵去感受孩子体会到的一切。

为了帮助孩子正确理解自己的情绪，并且知道应该用什么话语来表达自己的情绪，妈妈可以借助日常生活中的情境进行引导。比如有人笑了，妈妈可以说："那个小朋友好开心。"如果孩子有足够的理解力，妈妈还可以做更完整的描述："那个小朋友抓到了一只蝴蝶，他好开心。"让孩子明白事件和情绪的因果关系。当妈妈经常在孩子面前说出情绪的词汇，同时联系当下的情境，孩子对于情绪的辨识会更清楚。除此之外，妈妈也可以直接让孩子认识自己的情绪，比如："你现在感觉怎么样？""妈妈看见你很沮丧，发生了什么事情吗？"引导孩子表达自己的情绪并发现情绪的根源，有利于提高其情绪敏感度。

但有的时候，情绪是以复合形式出现的。比如孩子生气时，他可能同时会感到沮丧、愤怒、困惑、嫉妒，或者感受到背叛；孩子伤心时，他可能还会有受伤、嫉妒、空虚、郁闷或者被忽略的感觉。这时，孩子解读起来会有困难。比如一个孩子参加了夏令营，他既会为自己的独立感到骄傲，又担心自己可能会想家。他也许会想："大家都很期待这件事，我却感到焦虑，这到底是为什么?"在这种情况下,妈妈要帮助孩子认清自身的多重情绪,并告诉他,同时感受到两种不同的情绪是完全正常的。

当然,对于孩子来说,最重要的是学会如何处理自己的情绪。比如孩子感到沮丧时,往往会用打人、摔玩具、骂人等不好的行为来发泄这种消极情绪,妈妈首先要看到并认可这种行为背后的情绪,并为其贴上对应标签。在此基础上,让孩子知道有些行为是不对的,也是不被接受的,然后指引孩子想出更合适的方法来处理这些消极情绪。比如,妈妈可以说:"你很愤怒,因为妈妈有别的事情要处理,没有答应马上带你出去玩,我理解你的感受,但是你把玩具摔坏是不对的。你能想出更好的应对这种情绪的办法吗?"

教会孩子控制情绪非常重要,它会让孩子知道:情绪并不是坏的,它只是我们丰富人生的一部分;我们无法选择情绪,但可以选择如何表达情绪。

阅读小贴士:

美国儿童大脑研究专家菲尔·麦格劳建议用合同的办法来让孩子学会情绪自控,孩子3岁以后便可以用。不少家长说,对于那些爱发脾气、爱哭闹的孩子来说,"情绪管理合同"有着意想不到的效果。

心理学家托马斯·莫里亚蒂也通过实验证明,一般情况下,孩子会主动使行为与承诺保持一致,因为人性认为保守承诺是一种良好的品行。所以,"情绪管理合同"也常常能起作用。经常通过这种方式来自行管理情绪的孩子,未来信用感和责任感也会更强。

4. 不搞"一言堂",允许孩子争辩

权威思想过重的妈妈,喜欢搞"一言堂",不喜欢给孩子说话的机会,更别提让孩子进行争辩了。她们认为,让孩子和父母一起平等地争辩讨论,会降低自己作为家长的权威。如果在争辩中让孩子发现父母知识上的不足,抓住他们的错误,会更加丢面子。其实这种担心是不必要的,和孩子一起轻松地辩论,不仅不会让父母的权威受到影响,而且会在一定程度上增加孩子对父母的信任和尊敬。

小博做事一向粗心大意,经常遗失物品,妈妈为此找他谈了一次,之后他的表现倒是好了许多。一天,妈妈发现小博的笔盒里只剩下了一支铅笔,于是问小博是不是又把铅笔丢了。小博说:"今天我们学校组织活动,我拿铅笔……"妈妈一听就火了,打断他的话,怒斥道:"什么?你拿铅笔去玩,是不是又忘记拿回来了?跟你说过多少次,东西用了要记得放回原位。"

小博插话说:"不是这样的……"

"闭嘴,居然还敢狡辩,我看你是皮痒了吧?"

小博委屈地哭了起来,爸爸见状连忙介入,但小博什么话都不愿说了。小博睡觉后,妈妈收拾他的书包,无意中发现有几支铅笔散落在书包里。

如果妈妈从来不给孩子解释的权利，孩子就会逐渐放弃这种权利，而孩子的负面情绪也因此得不到释放。等到了青春期，孩子什么话也不会跟妈妈说，并且会采取一些极端方式，诸如故意挑衅或自残等方式来跟妈妈对抗。同时，孩子也会把这种人际交往方式运用到自己的生活中。

心理学家经过调查得出了这样的结论：真正能够和父母争辩的孩子，长大以后会比较自信、富有创造力并合群。德国心理学家安格利卡·法斯博士也证实，亲子之间的争辩"对于下一代来说，是走上成才之路的重要一步"。

另外，争辩还能够活跃家庭气氛，在感情交流、思想沟通中表现出一种亲情和友爱。它能促使孩子体验父母情感的变化，正确对待双方的争执，化解矛盾，进而达成共识。

所以，妈妈正确的做法是，平心静气地坐下来，认真倾听孩子的争辩，了解孩子犯错的背景、条件以及心理动机等，因势利导地进行教育。如果孩子的争辩是对的，妈妈应该尊重孩子的意见。如果孩子的争辩是错误的，妈妈也应该摆事实讲道理，让孩子心悦诚服。允许孩子争辩，可以让妈妈通过听取孩子的争辩来检验自己的教育方法是否得当，发现不妥之处后及时进行调整。

当然，允许孩子争辩也要讲究分寸，以下情况是不允许的：无论事小事大都要争辩一番，妈妈要适度把握，争辩最好要有内容、有意义，比如孩子是否该去兴趣班，是否应坚持锻炼等；孩子在争辩时不讲礼貌也是严格禁止的，争辩不意味着孩子可以顶撞妈妈，更不能打骂妈妈或说脏话，双方应该在相互尊重、平等的前提下进行争辩。

5. 孩子有烦恼，倾听完胜一切技巧

　　孩子的成长过程必然伴随着烦恼，学习的压力、交往的挫折、不良环境的影响，乃至青春期发育，都会让孩子困惑、紧张、焦虑、忧郁和压抑。帮助孩子消除烦恼，让孩子在阳光下快乐成长，是每个真正关心孩子健康成长的妈妈必须履行的天职。

　　凯蒙斯·威尔逊是假日饭店的创始人、闻名世界的企业家。1991年他退休时，他的公司在50多个国家拥有1759家饭店，年收入10亿美元。但是，很少有人知道他青少年时期也是一个爱烦恼的孩子，幸运的是，他有一位乐观、坚强的母亲。在母亲的正确引导下，他克服了爱自寻烦恼的缺点，一步步走向了成功。

　　凯蒙斯9个月大时，父亲便去世了，当时他的母亲只有18岁。由于缺乏父爱，加上生活艰辛，他每天都很烦恼，总觉得有很多不幸的事情要发生。他的母亲没有忽视他的感受，经常对他说："凯蒙斯，你命中注定就是大人物，只要你抛开这些无谓的烦恼，努力奋斗，你必将无所不能。"在母亲的鼓励和开导下，整天愁容满面的凯蒙斯逐渐变得开朗起来。

　　但是，不幸又一次降临到凯蒙斯身上。14岁那年，他遭遇了车祸，躺在病床上，他觉得自己永远也站不起来了，大夫也这样告诉

过他。就在他想着以后的日子将会遇到种种困难又将如何度过时，母亲又一次对他进行了正确的疏导："凯蒙斯，你现在不要总是考虑自己不能走路后怎么办，而应该想'我怎样才能让自己站起来'。"

在母亲的开导下，凯蒙斯不再为自己站不起来后的一系列灰暗的事情而烦恼，而是鼓起勇气让自己努力站起来。一年后，他又走进了校园——是他自己走进去的。

一般来说，妈妈比较容易察觉到孩子身体不舒服，但烦恼是深藏在孩子心中的，又或许妈妈不能理解，不知道该怎么应对。而且妈妈往往认为孩子的烦恼有点小题大做、大惊小怪，于是下意识地对孩子的情绪予以否定、轻视或责怪，但这样会引发孩子情绪上的对抗，不利于孩子理清自己的思路，以积极的态度去面对问题。当孩子的感受不断被否定时，势必会感到困惑和愤怒。

相信妈妈也有这样的体会：遇到麻烦时，如果有个亲近的人能够听自己诉说并加以安慰，心里的烦恼便会减轻许多。孩子更是如此。当孩子遇到挫折或不愉快的经历时，更需要妈妈听他倾诉并给予安慰。随着年龄的增长，学业、感情、人际关系都可能使孩子产生烦恼，而烦恼所带来的紧张、悔恨、绝望等情绪，会给孩子的成长带来不利影响。所以，妈妈要给孩子一些倾诉的时间，如睡前、饭后，设身处地地站在孩子的角度考虑问题，为孩子排忧解难。

在和孩子交流时，妈妈可以尝试替孩子说出他的感受。不用担心这样会让孩子更难过，恰恰相反，当孩子听到妈妈说出自己当下的感受时，他的心里会感到些许安慰，感到有人能了解自己的内心世界。

另外，妈妈还可以让孩子做一些感兴趣的事情来冲淡烦恼，如看书、找朋友聊天、做一些室外运动、听听舒缓的音乐、走进大自然等。多一些爱好和选择，孩子也就多了一些自我放松的方式。

6. 接纳孩子的情绪，让孩子大声哭出来

大多数家长认为哭泣可能意味着失败、懦弱、任性。

通常大人不喜欢孩子哭泣的原因有几个：孩子的哭声尖锐刺耳，持续不断，让人心烦；觉得哭是不好的情绪反应，孩子有负面情绪，让父母感到难受；认为哭是孩子软弱的表现；不想让孩子养成为了达到某种目的就哭闹不止的习惯。

基于以上心理，妈妈一看到孩子哭泣就像看到了麻烦，于是想尽一切办法进行制止。温柔型的会哄孩子说："乖，别哭了！"鼓励型的会说："宝宝不哭，宝宝要勇敢！"没什么耐心的可能会呵斥："有什么好哭的！""不准哭！"想让孩子快点安静下来的便吓唬说："再哭妈妈就不喜欢你了。""再哭警察叔叔来抓你了。"总之，哭是被妈妈禁止的。

实际上，哭是低龄孩子的语言，即使在学会说话后的很长时间内，孩子依然会使用哭来传递信息，作为宣泄负能量的出口。

童童想用积木搭一个跟自己一样高的房子，然而搭着搭着，积木总是倒塌。终于，童童生气地大哭起来："我不会搭。"妈妈见状十分心疼，赶紧过来安抚她："宝贝不哭，这些积木不好用，妈妈回头给你买些可以搭很高的积木，要不妈妈跟你一起搭怎么样？"

但童童更生气了："不要，我不要！"

妈妈："那我们吃点好吃的吧？"

童童:"我不吃,我就要搭很高很高的房子。"

妈妈:"你不是最爱看动画片吗?我们来看动画片吧。"

童童听了终于停止哭泣,露出了笑脸。看着孩子的笑脸,妈妈松了一口气,心情也阳光起来。

表面上看,孩子不哭了,妈妈不觉得难受了,然而这个过程阻止了孩子情绪的发泄,并不是一种好的方式。妈妈之所以这样做,一是见不得孩子哭,觉得哭是不好的;二是混淆了自己与孩子的边界,即替孩子感到难过。

心理学家认为,孩子哭如果让父母心里难受、烦躁不堪,往往是因为父母在成长的过程中,内心积聚了许多负能量,没有得到宣泄的机会。孩子负面情绪的爆发,会触及父母内心的同类情绪,潜意识里担心自己失控,所以也不允许孩子发泄。

生活中经常发生这样的情形,孩子因为一点小事哭了起来,妈妈见状立刻失去了好心情,感到恼火、不安、厌倦和愤怒。为了止住孩子的哭声,妈妈尽力哄着孩子,如果孩子还是哭,就责备他说为这点小事哭不值得。

妈妈以为只要止住孩子的哭声,麻烦就过去了。但仔细观察,情况并非如此,孩子可能会安静下来,但仍然不高兴,长时间情绪低落,无精打采,不再信任别人,对一切人和事都感到不满意,妈妈也因此感到气恼,整个家庭生活都受到了影响。所以,妈妈要接纳孩子的情绪,给孩子释放不良情绪的机会。这比维持表面的欢笑更能给人实在的安全感。

小妮刚上幼儿园,这天早上入园时,她因为妈妈离开而大哭大闹。老师搂着小妮,让她趴在自己的怀里,边拍着她的后背边说:"我知道跟妈妈说再见是件很难过的事,嗯,是件非常非常难过的事,不过你要知道妈妈下午肯定会回来接你的。我们来做点什么让你感觉好一点好不好?"

老师一边说着,一边领着小妮往教室里走,这时小妮已经由大声号哭变成了小声抽泣。进屋之后，老师拿给她一张纸和一盒彩色蜡笔，和她一起坐下来画画，这时小妮已经完全停止了哭泣，用心地写写画画起来。

人生不总是只有笑脸，幸福也不意味着拒绝哭泣。接纳孩子的情绪、允许孩子哭出来，因为哭是孩子情绪表达的一个重要部分。因为哭出来，情绪才得以发泄，内心才更有力量。

当孩子哭泣时，妈妈最好的做法是不打扰，如果孩子需要，就在旁边安静地陪伴他，适当的时候可以给孩子一个大大的拥抱。拥抱代表的是"我懂你"。我们会发现，孩子哭闹的时候，越是制止哭得越厉害，这是孩子对不被理解的一种情绪宣泄。但当孩子被拥抱时，他的不开心被理解，他的不满得到了安慰，自然就会慢慢平静下来。

哭泣是一个自然疏导不良情绪的过程，就这个行为本身来说，谈不上积极或者消极，所以妈妈千万不要因为孩子哭泣而惩罚孩子。

教育学家发现，孩子最反感的事情之一就是妈妈拿自己和其他孩子进行比较。比如当孩子哭泣的时候，妈妈经常会说"你看隔壁的小雨从来就不哭，多听话呀，你怎么就只知道哭呢？"这无疑是对孩子的一种蔑视，让孩子感觉到自卑，更不利于孩子形成坚强的性格。

为了给孩子一个发泄的渠道，可以建立一个发泄墙或情绪角，让孩子胡乱涂鸦，或把不开心画在纸上，折成飞机飞出去……这些都是可行的办法，值得一试。

等孩子哭过后，妈妈就可以开始理性教育了。为什么要等孩子哭完呢？假如我们要去说服某个人，千万不要在他气头上去说，那时他正处于情绪高峰，听不进去任何话，必须等他气消了，心平气和的时候再跟他讲道理。孩子也一样，必须等他哭的高潮过去。有的妈妈见孩子哭兴正浓，顿时慌了，赶紧做工作，结果事倍功半。加上处理方法不当，孩子有什么要求都答应他，反而被孩子抓住了弱点，以后他想要什么就用哭作为达到目的的手段。所以妈妈必须等孩子哭够了，能听进一些话的时候，再开始跟他讲道理。

第六章　停止吼叫，帮助孩子端正言行举止
——孩子良好的言行举止要靠自律

品学兼优的孩子不是靠大吼大叫培养出来的，而是妈妈倾尽自己的爱，以身作则树榜样，再持之以恒地用心引导的结果。

1. 理性对待孩子撒谎

很多时候,当妈妈指着被翻得乱七八糟、满地都是东西的房间问孩子:"这是谁干的?"孩子往往会说:"这是小狗干的!""这是外星人干的!""它就是那样的!"几乎没有孩子承认:"这是我干的!"面对孩子的谎言和狡辩,妈妈们往往难以容忍,甚至会给孩子贴一些标签——不诚实、不坦荡、爱说谎!其实,妈妈大可不必过于紧张,不要觉得自己养了一个爱撒谎的孩子。

诚实不是天生的,而是在后天的教育环境中养成的。英国著名哲学家罗素说:"孩子不诚实几乎总是恐惧的结果。"严厉的惩罚会让孩子产生强烈的恐惧感而不敢面对事实,不敢面对妈妈,并因此产生自我防卫心理,将撒谎进行到底。

不知从什么时候起,7岁的小美养成了说谎的习惯。由于编的谎话太多,有时连她自己都分不清哪些是真话,哪些是假话。老师将这种情况告诉了小美的妈妈,妈妈的第一反应是愤怒,没想到自己的孩子会谎话连篇,她也想过狠狠地训小美一顿,可是转念一想,自己也有责任,因为工作繁忙而忽略了对女儿的教育。她决定以后多关心小美的生活,帮小美改掉喜欢说谎的坏习惯。

为了帮助小美,每当小美说自己在学校取得了怎样的成绩,比如说考试得了第一名,妈妈都会打电话向老师求证,然后告诉小美求证的结果。同时,妈妈改变了用问句和小美对话的习惯,不给小美说谎的机会。她不再像过去那样问小美有没有写完作业,然后就不再管了,而是坚持要求小美将作业交给她过目。小美发现谎言在家里已经行不通后,只好开始说实话。

一天,妈妈问小美有没有拖地,小美老实地承认自己没有拖地,妈妈立刻称赞她:"我很高兴你能告诉我实话。这次我不会因为你没有拖地而惩罚你,因为你很诚实。但是拖地是你应该做的事情,你必须完成,拖完地才可以做其他事情。"

在妈妈有意识的引导下,小美意识到,实话实说并不会给自己带来不好的后果,结果也还不错。她决定以后做个诚实的人,渐渐地,她喜欢上了真实的自己,不再用谎话来逃避问题了。

孩子只是一株嫩苗,在培育的过程中,任何轻率和粗暴的举动都不适宜。妈妈只有谨慎一些,用心一些,多学习一些教养技巧,才能使孩子变成一个正直的人。

要想让孩子成为一个诚实的人,妈妈首先要起到良好的表率作用。如果哪天你带着孩子去买东西,店主不小心多找了钱,你赶紧装作不知道,拿着东西走了,而这一幕正好被细心的孩子注意到,那以后你再给孩子讲应该怎样做一个诚实的人,他还会听你的吗?

当孩子有说谎的毛病时,妈妈千万不可着急、气恼,更不可不问青红皂白就把孩子狠狠地训斥一顿。妈妈要做的是对孩子的行为进行观察,必要时对孩子的言行做些调查、核实,耐心地引导孩子承认错误。妈妈应在孩子主动承认错误后给予鼓励,肯定孩子说实话是好的表现,然后指出错误的危害,让孩子在鼓励中知错改错。

不要唠叨说教,也不用过分夸大诚实的重要性。当你发现孩子冲到餐桌前,骗你说他已经洗过手时,你只需平静地告诉他:"诚实是很重要的,我希望你能说实话。"切记,你要强调的重点是"没有说实话"这件事,而不是论证孩子的人格有问题。与其对孩子说"你怎么这么爱说谎",还不如说"你可以告诉我,你为什么这么讨厌洗手吗"。当孩子感觉到妈妈并没有指责、批判或处罚他的意思时,才会在没有压力的情况下把原因说出来。

对孩子来说,实话实说有时意味着要接受处罚。因此,如果想让孩子说实话,必须让他有足够的安全感。当孩子说他在外面闯了祸或考试不及格时,妈妈首先要对孩子的诚实进行表扬,然后冷静、耐心地倾听孩子的想法和解释,和孩子一起分析问题产生的原因,再探讨解决问题的对策。比如,当孩子承认是他把妹妹弄伤的,妈妈可以这样说:"我很高兴你愿意跟我说实话,这需要很大的勇气。你的诚实让我感到骄傲,不过,我们还是需要讨论一下应该如何安全地照顾妹妹。"如果妈妈不得不对孩子做出处罚,也要让他明白,处罚是因为他违反规定,而不是因为他说了实话。

为了纠正孩子的说谎行为,有的妈妈会采取惩戒的方法,这种为"戒"而"罚"也是爱的基本方式之一,然而这又带有风险,有可能使孩子对施加惩戒的人产生逆反心理。当然,如果妈妈的惩戒执行得合理、巧妙,事后让孩子明白其中的道理,也会让孩子受益良多,并心悦诚服。

阅读小贴士:

根据调查,在被批评后,超过75%的人会产生自卑心理,其中又有20%左右的人会因为自卑而影响接下来的表现。如果在批评后给予安慰或鼓励,90%以上的人会有所改进,产生自卑心理的人也会下降至10%以下。

2. 告诉孩子诚信的重要性

生活中，很多妈妈十分重视孩子的学习成绩，甚至不惜花费重金培养孩子的特长，却忽视了孩子的诚信教育，以至于孩子的学业与品德存在很大差距。不少孩子不守信、不守时，甚至动辄说谎，欺骗父母、老师和同学；有的则弄虚作假，在考试时想方设法作弊。不诚实、不守信的品性将直接影响孩子的成长，影响孩子今后在社会上立足，因此，妈妈很有必要在孩子的心灵中播下诚实守信的种子。

宋庆龄小的时候，有一次，母亲给她讲了一个"自食其言"的故事。"春秋战国时，鲁哀公身边有一个重臣叫孟武伯，孟武伯最大的毛病就是说话不算数，因此，鲁哀公对他很不满。一天，鲁哀公举行宴会招待群臣，孟武伯和哀公的宠臣郑重也参加了这次宴会。孟武伯向来不喜欢郑重，便借机在宴会上出郑重的洋相，问道：'郑先生怎么长得越来越胖了？'鲁哀公听到后，插嘴说：'一个人常常吃掉自己的诺言，当然会长胖呀！'在座的大臣一听就知道鲁哀公并不是在批评郑重，而是暗中指责孟武伯说话不算数。"母亲讲这个故事的目的是想教育宋庆龄说话要算数，要谨守诺言。对此，宋庆龄铭记在心。

一个周末，父亲准备带全家人去朋友家中做客。孩子们都换好了衣服，准备出发了，母亲招呼他们说："孩子们快走吧，伯伯正等着我们呢！"正在弹钢琴的宋庆龄听了，马上合上琴盖，跑出房间，拉着母亲的手往外走，但她刚迈出大门，突然停住了脚步。"怎么啦？"父亲不解地看着她。"今天我不能去伯伯家了！"宋庆龄有些为难地说。"为什么，你有什么事吗？"母亲关切地问道。"我昨天答应小珍，今天她来我们家，我教她叠花。"宋庆龄说。

　　"我还以为有什么重要的事情呢，这好办，下次再教她吧！"父亲说完，拉着她的手就走。"不行！小珍来了会扑空的，那多不好呀！"宋庆龄边说边把手从父亲的大手里抽出来。"那也不要紧呀！回来后你到小珍家里解释一下，并表示歉意。以后再教她叠花不也可以吗？"母亲说。"不！妈妈，您不是经常教育我们要信守诺言吗？答应了别人的事情，怎么能随意改变呢？"宋庆龄摇着头说。

　　"我明白了，我们的罗莎蒙黛是一个守信用的孩子，不能自食其言是吗？"母亲笑着说，"好吧，那就让我们的罗莎蒙黛留下来吧！"

　　因为放心不下家中的小庆龄，全家人吃过午饭后，便提前往家赶。走进家门，父亲高声喊道："亲爱的罗莎蒙黛，你的朋友小珍呢？"宋庆龄回答说："小珍没有来，可能她临时有什么事吧！""小珍没有来，那我的小罗莎蒙黛一个人在家多寂寞呀！"妈妈心疼地说。"不，家中虽然只有我一个人，但是我仍然很开心，因为我信守了诺言。"宋庆龄说道。听了她的话，父母满意地点了点头。

　　诚信是为人处世之本。一个人是否诚信，与后天的环境影响和教育有着很大关系，尤其是童年时期的引导培养，是形成这一品质的关键。一个守信用的孩子，长大以后也会对自己、对家庭、对社会承担责任。因此，培养孩子的诚信品质，是妈妈必须重视的一项任务。

为了培养孩子的诚信品质，妈妈在日常生活中要讲究诚信，答应孩子的事情一定要做到；如果不能兑现，应及时向孩子解释并道歉，事后再设法兑现自己的承诺。如果妈妈言而无信，孩子会对妈妈产生不信任感，并且认为说了话可以不算数，慢慢地他也会这么做。

通常孩子不守信的行为是出于某种需要，如果孩子合理的精神需要、物质需要受到妈妈的过分抑制，孩子就会换种方式，以某种不守信的行为来寻求满足。因此，妈妈应该认真分析孩子的需要，尽量满足其合理的部分。

另外，妈妈要学会信任孩子，不要总是怀疑孩子。有些妈妈让孩子饭后在房间里学习半个小时，结果却每隔 5 分钟进去看一下孩子是否在偷懒；让孩子去买件东西，也总担心孩子把多余的钱用来买零食。妈妈的这些行为，往往会导致孩子以撒谎来对抗，而妈妈则认为自己的怀疑是有根据的，这就更加滋长了孩子的不守信。

针对社会上坑蒙拐骗的行为，妈妈要态度鲜明地进行批判，让孩子明白这种弄虚作假的行为必将受到惩罚。妈妈还可以和孩子一起阅读一些有关诚信的图书，讨论有关诚信的话题；鼓励孩子多与人交往，在交往中感受诚信，思考诚信，树立诚信品质。

3. 妈妈越催促，孩子越磨蹭

在现代家庭教育中，"快一点"成了妈妈们的口头禅。催多了，孩子和大人都觉得烦；不催，又担心孩子无法养成良好的习惯。对于陷入两难境地的妈妈们来说，催还是不催，这是个问题。

一边是慢吞吞吃饭、慢吞吞刷牙、慢吞吞穿衣服的孩子，一边是着急上火的妈妈，孩子每天都生活在大小诸事的催促声之中。更让妈妈抓狂的是：你催得再狠，孩子还是慢悠悠的。为什么孩子和大人的节奏永远无法同步呢？

小雯刚上小学的前两周，由于起床时间比上幼儿园早，大多数时候她都不能自己按时醒来，需要大人叫才能起床。同时，由于每天的作业会挤占一部分时间，所以练钢琴和画画需要打破以往放学回家就开始的规律，只能等做完作业或者吃完晚餐以后进行。刚开始的时候，她需要大人提醒才能想起这些事情来。

这样持续了大约半个月，妈妈发现小雯的时间观念和自我管理能力退步了，还不如幼儿园阶段。她开始寻思怎样才能让小雯有所改变。一天，她在微博上看到了一位妈妈分享的好办法：给孩子买一个闹钟作为定时器，到点自动提醒孩子。

第二天，妈妈带小雯一起到超市选了一款她很喜欢的闹钟。回家以后,妈妈教小雯给闹钟定时,只要把时间调好,闹钟就会及时提醒小雯。小雯对自己挑选的闹钟非常喜欢,无论做什么事情,她都提前调好时间,一旦闹铃声开始响起,她就立即行动,绝不磨蹭。

很多时候,当孩子跟不上妈妈的节奏,妈妈就会着急、催促,怪孩子太磨蹭,尤其是当孩子为了做一些在妈妈看来毫无意义的事情而耽误了妈妈的安排时。然而,这些看似没有意义的事情对孩子的成长非常重要。

0~7岁,孩子的大脑一直在发育——脑容量增加,大脑皮层的面积不断增大,大脑皮层上的连接不断增多。等到大脑发育成熟了,孩子才有可能兼顾很多方面,当妈妈对他提出一些要求时,他才能很快给出反应。在此之前,孩子表现出的做事慢、行动慢,和大人所说的拖拉、磨蹭并不是一回事。

所以,这个时候即使百般催促也不见得有用。相反,催促多了还会让孩子感到自己很难达到妈妈的要求,从而产生挫败感和无助感,甚至变得逆反起来。而且,当妈妈给孩子贴上"磨蹭"的标签,孩子以后就可能真的越来越磨蹭了。

行为方式决定行为能力,孩子的磨蹭一旦形成习惯,要改正会很困难,而且会影响到学习、人际交往等,引起一系列的后果。对此,妈妈要合理安排孩子的生活,从点滴小事做起,教育孩子提高做事效率。

为了让孩子学会时间管理,妈妈可以和孩子一起制定一个作息时间表,最好具体到细节,比如什么时间起床、洗漱需要多长时间、吃饭需要多长时间、放学后写作业和看电视多长时间、几点上床睡觉等,都要严格规定,从而对孩子起到约束和监管的作用。对时间的管理越严越细,效率就越高。妈妈可以在孩子做一件事之前上个闹钟,到点闹钟响起来,提醒他要开始做某件事情。小闹钟不停地响,对孩子也是一个督促,他容易产生紧迫感。

对于天生慢性子的孩子,妈妈可以放慢节奏,陪伴孩子一起去做一件事,并及时给予鼓励:"妈妈相信你能做好的,慢慢来。""你已经完成很多了,别着急,你一定能够做完的。"在这个过程中,妈妈不要催促,只要耐心地鼓励孩子做完一件事情就好。慢慢地,孩子就能掌握做这件事的技能,跟上大人的节奏。

限时法也是一种帮助孩子在一定时间内集中注意力的好方法。孩子大多数时候是不受时间限制的,做很多事情都没有时间约束。在感觉自己拥有充足时间的情况下,孩子不容易集中注意力去完成一件具有紧迫性的任务。这个时候不妨试试限时法。比如,出去玩的时候,事先跟孩子商量玩多长时间就回家,到点就按照约定执行;吃饭的时候,约定一顿饭最长可以吃多久,到时间就收走所有饭菜;同样可以根据当天的作业和其他任务跟孩子约定一个完成的时限。这会让孩子意识到问题的严重性,他会记住因为没有遵守时间约定而造成的后果,不再抱有侥幸心理。而且,这种记忆会非常深刻,从而使他主动纠正以前的一些做法。

妈妈还可以利用比赛的方式,让孩子意识到时间的紧张。比如:"来,看你和妈妈谁先穿好衣服。""看你和爸爸谁先刷好牙。"通常在这种情况下,孩子会努力提高自己的速度,试图战胜大人,因为每个孩子都有想要变得更好的意愿。当然,我们并不是真的要和孩子比赛,在游戏中大人可以适当示弱,让孩子赢,并及时给予鼓励。

在孩子磨蹭时,妈妈不要大发脾气。有的时候孩子做事很慢,可能是因为这件事对孩子来说难度较大;可能是孩子不懂方法,不知道怎样做才能加快速度;也可能是已经养成了磨蹭的习惯……无论哪种情况,如果妈妈在一旁不停地责骂,孩子会更加不知所措,做事速度反而更慢。而且,妈妈对孩子采用过激的行为和态度,还可能造成孩子的逆反心理。孩子年龄虽小，但也需要得到尊重，面对妈妈的责备和打骂，孩子会感到不被重视、受伤害，于是对妈妈采取不理不睬的态度，或干脆故意拖延时间来表示反抗。

大多数时候，孩子只有体会到损失是因为自己磨蹭，才会自觉加快做事的速度，改掉磨蹭的毛病。比如孩子早晨起床后总是磨磨蹭蹭，妈妈不要着急，也不要去帮他，但可以提醒一下"再不快点就要迟到了"，如果他还在那里磨蹭，不妨任由他去，让他亲身体验上学迟到的后果。孩子迟到后，老师肯定会询问他迟到的原因并批评他，几次以后，孩子就会自然而然地加快速度。

值得注意的是，孩子自己能做的事情，妈妈千万不要因为孩子慢而粗暴代劳，这会剥夺孩子的学习机会，甚至使孩子产生依赖心理，变得越来越磨蹭。

阅读小贴士：

研究表明，孩子在2岁以前是没有时间概念的，他们完全活在当下，不会回忆过去，也不会焦虑未来。

大约到了3岁左右，孩子对时间的先后才有了初步认识，但仅仅限于分清过去、现在、未来这样大段的时间。这时你对孩子说"10分钟后出门"，他是完全听不懂的。

孩子大约在4岁以后能够描述昨天、今天做了什么事，但是具体到什么时间并不是很清楚，这需要一个慢慢引导的过程。

所以，在孩子还分不清时间的时候，要求孩子在特定的时间内一定要完成什么事，其实是违背孩子成长的规律的。

4. 贪玩是孩子的天性

喜欢玩是孩子的天性，是他们对周围的世界感到好奇的行为表现。事实上，很多孩子是在玩耍中学到知识，从而加深对客观世界的认识的。孩子在公园里追逐鸽子，在阳台观看浮云，在路边看小蚂蚁爬行，在河边看小蝌蚪在水草中嬉戏，都是在学习。成人过于贪玩可能会玩物丧志，但孩子则通过玩耍和游戏来观察世界，学会语言、交际等行为模式、生存技能。

马云曾经语出惊人，道出了令父母们深深反思的教育真相："现在的社会，如果我们还是继续采取以前的教育方法，让我们的孩子从小记、算、背，而不让孩子去玩、去体验自然，那么我可以保证，30年后这样的孩子找不到工作！"

马云说这话是在危言耸听吗？并不是！按照目前的社会、科技发展趋势来看，在未来，大数据、机器完全可以取代人类去做那些需要死记硬背的工作。而机器永远取代不了的，是人类的智慧、创造力、情感。而孩子的智慧、创造力、情感，靠生硬的学习是很难掌握的，更多地需要孩子在玩耍、体验自然的过程中逐渐建立起来。

当然也不是所有的玩耍都能玩出名堂，有时因为孩子玩得过分，玩得沉迷，以至于妈妈们"闻玩色变"。但谁都知道，玩是不可能被限制和禁止的。玩是人类生活的组成部分，玩对孩子来说不仅是生活的需要，也应该是被允许享有的权利。

朱畅从小就喜欢玩，每天放学后，他不是拿着自制的"捕虫器"到田野里捉虫子，就是带着几个孩子到田间地头，用放大镜观察庄稼的叶子。

有段时间，妈妈对朱畅贪玩的行为十分恼怒，还多次没收他的玩耍工具。但这并没有什么作用，朱畅总能想到很多"鬼点子"，今天玩耍的工具被没收了，明天他又能做出一个别的工具来。老师说朱畅其实很聪明，只是没有把主要精力放在学习上，所以成绩一般。父母对此虽然着急，但也一筹莫展。

小学毕业后，朱畅没有考入重点中学，而是进入了一所普通中学，学习成绩"中等偏上"。不过，他制作航空模型的能力很突出，不但在学校和市里获了奖，还参加过省级赛事。后来，朱畅上初三时，在老师的指导下设计了航空模型并获得了全国大奖……

当然，尊重孩子玩耍的天性，跟彻底放任孩子的"散养"，还是有着本质区别的。要想让玩耍真正对孩子形成健全人格、良好习惯有益，离不开大人的引导。

归根结底，问题不在于让不让孩子玩，而在于如何调整孩子玩的内容和方式，解决玩和学习之间的矛盾。有的人空闲时把看字典当作休闲和娱乐，有的人脑子累时会把洗衣服当作放松。玩是正常学习生活的一种补充，玩不好，学习也不会好。当然，如果孩子不能控制自己，玩得过度，对学习也会产生不良影响。妈妈应该引导孩子科学地玩，带着目的去玩，而不是瞎玩、乱玩、任性地玩。

在孩子玩的过程中，妈妈可以结合玩的内容，培养、引导孩子对事物的兴趣。比如捉到蜻蜓后，引导孩子观察蜻蜓的外形，看看它们各有什么特征，有什么不同之处，再把它们和其他种类的昆虫比一比，让孩子对自然界的各种生物产生兴趣。

又如，孩子喜欢汽车玩具，可以向孩子介绍不同种类的汽车，带孩子去参观汽车展览会，扩大孩子的视野，孩子会饶有兴致地了解各式各样的汽车。平时妈妈还可以带着孩子一起观察汽车，获取更多的知识，启发孩子的求知欲。

在孩子玩的过程中，妈妈可以抓住时机进行品德的培养。比如带孩子去公园，要教育孩子爱护花木，爬山时不怕苦不怕累，摔跤了要勇敢，不要破坏公物等；带孩子去看电影，应教会孩子做文明观众，不大声喧哗，不乱扔果皮纸屑；等等。

有时孩子太淘气，妈妈就会忍不住站出来制止，比如弄脏了衣服、弄乱了房间、损坏了物品；或者总想决定孩子做什么不做什么，判断孩子哪里做得对哪里做得不对，并且认为自己永远是对的，孩子只能听大人的话。这些现象说明妈妈没有尊重孩子的意识，没有考虑孩子在特定年龄段的内心需求，没有顾及孩子的自尊和想法。

阅读小贴士：

由哈佛大学著名儿童心理学专家组成的"发现天赋少儿培育计划"课题组，对世界各地近3000名10岁以下的儿童进行跟踪调查后发现，在被认为是聪明过人的孩子里，87%都有"强烈的好玩之心"，而且在不同的方面取得了令人惊喜的成绩。

5. 帮助孩子改正打人的坏习惯

在孩子的交往中,打打闹闹是不可避免的,而且确实有些孩子的攻击性比较强,情绪容易冲动,不习惯用语言来表达自己的感受,稍有不满就挥拳相向。这样的孩子往往因为爱打人,在集体生活中不易被其他孩子接受,显得不合群。要想改变这一局面,首先要从父母身上、从家庭环境中寻找原因。

孩子在6岁以前主要以家庭中最亲密的人为模仿对象。如果父母遇事容易冲动、父母之间存在暴力冲突,或者习惯打孩子、用暴力解决问题,而不是和孩子讲道理,孩子就会从中学会用暴力解决问题。

另外,如果家庭缺少温暖,或者父母太忙而忽略孩子、很少与孩子交流,缺少爱的孩子,往往会发展为两种倾向:一种是压抑自己内在的需要,表面上显得乖巧听话;一种是富于攻击性,用暴力来保护自己。

这天,班主任打电话给小新的妈妈,说小新在学校和同学打架了。小新一向老实,妈妈对他打架的行为感到有些奇怪,但还是挺生气的:这个臭小子,在学校不好好学习,还惹是生非,回来一定要好好教训他一下!

放学后,小新兴冲冲地回来了,妈妈见他一副若无其事的样子,气就不打一处来，大声吼道："说，你在学校干什么好事了？不知道学好，还学人打架！"

小新本想解释这次打架是同学先挑起的，但妈妈怒气冲冲的样子让他感到害怕，他嘴里嚷道："我……我……"

"我什么我！不用狡辩了，男子汉要敢做敢当！"

小新听了，委屈地流下了眼泪。妈妈看见后更加生气了，继续吼道："做错了事还有脸哭！早知道这样，为什么要跟人打架？"

这件事之后，小新开始叛逆起来，经常在学校跟同学打架。妈妈骂也骂过，打也打过，但似乎毫无作用。

孩子动手打人，不是因为他秉性如此，而是一种行为表现。如果了解到行为是可以改变的，这样一来，妈妈的心情是不是会轻松一些？是不是觉得事情并没有想象的那么严重？

如果将孩子的坏习惯归咎于性格原因或遗传因素，妈妈难免会对孩子感到绝望，认为已经毫无办法了。但如果认为坏习惯只是孩子的一种行为，妈妈就会从宿命论中解脱出来，创造出无限的可能性。在育儿过程中，这一点是非常重要的。而且，正因为行为是可以改变的，所以，要改掉孩子的坏习惯就需要妈妈在生活中不断地实践练习。

孩子打人的原因是千差万别的，比如，有的孩子玩累了，不想再玩下去的时候，就特别容易打人。这时，妈妈应该把孩子叫走，不要让他再留在孩子堆里，以免出现打人的情况。如果孩子之间发生了冲突，妈妈要保持冷静，不要大声呵斥孩子，更不能因为害怕孩子吃亏而护着孩子，应该让孩子说明发生冲突的原因，然后让他们自己提出解决冲突的方法，或者提出一些解决冲突的办法供孩子选择。

告诉孩子"君子动口不动手"，不要用武力解决冲突，最好是和小伙伴讲道理。比如，孩子在玩心爱的玩具时，别的孩子可能会过来抢他的玩具，孩子急了就会动手打人。这时，妈妈应该教孩子对抢玩具的小朋友说:"这是我的玩具,让我先玩一会儿,等会儿再给你玩。"或者让孩子请求大人的帮助。

孩子打人后,最好的方法是将他叫到角落里,严肃地看着孩子的眼睛,告诉他:"不可以打人,打人是不对的。""别人打你的时候,你会觉得痛,对吗?那你打别人的时候,别人就不会痛不会哭了吗?"有时还可以让孩子亲自感受一下被打的感觉,看他接不接受,能不能体会被打的心情。通过换位思考,让孩子认识到自己行为的错误,并及时改正。

如果孩子愿意道歉,那就马上让孩子道歉,过后再进行教育;如果孩子坚持不愿意道歉也没有关系,不要逼着孩子去道歉,妈妈应该先关心被打的孩子,看看对方有没有受伤。孩子也是要面子的,如果当着众人的面训斥他,他可能会更加想跟妈妈对着干。

值得注意的是,如果父母关系不和谐,经常动手,孩子就很容易受影响,因为孩子的模仿能力很强,父母不经意的一个动作,都能让孩子模仿到,所以,父母应该给孩子一个没有暴力的环境,这样孩子的性格会更积极乐观一些,不会用暴力解决问题。另外,在一些亲子游戏中,孩子有时打了妈妈,妈妈仍继续和孩子玩闹,这样就给孩子留下了"打人可以获得妈妈关注"的印象,以后碰到喜欢的小伙伴,他也会用打人的方法去跟小伙伴互动。

阅读小贴士:

有数据表明,孩子90%以上的暴力行为都是从家庭成员那里学来的。心理学家曾对600个孩子进行长达22年的追踪研究,发现被大人打骂的孩子都有打架行为,而且幼年时期经常打架的孩子,青春期容易有暴力倾向,比如打群架、殴打别人、嘲笑戏弄别人等。

6. 正确对待孩子的调皮捣蛋

据很多国家对儿童教育的研究显示，淘气的孩子往往最具有坚强的意志力，而且通常很聪明。事实上，有时孩子的淘气行为正是他具有开拓精神和创造力的一种表现，难怪会有日本教育家倡导"教育一个调皮捣蛋的孩子"。

生活中，妈妈们之所以无法忍受孩子调皮捣蛋，首先是因为她们还没有客观认识到孩子就是孩子，在孩子的头脑中，没有成人世界的条条框框，所以他们在行动上更加随心所欲，常常与成人世界中的各种规矩相冲撞，引发许多矛盾和冲突，从而给父母带来麻烦。尤其是男孩，进入集体以后，这种表现会更加明显。其次，妈妈只是看到了孩子因为调皮捣蛋而带来的麻烦，却没有认识到孩子在调皮捣蛋的时候，身体各部分都会被调动起来，而且在孩子调皮捣蛋的行为中，往往隐藏着许多创新元素。

小福从小就非常淘气，幸好他有一个开明的妈妈，从来不会严厉地压制他的天性。一天上课时，一个女生突然发出一声惊叫："蛇！"班里顿时炸开了锅，同学们大呼小叫起来。一些学生爬上了桌子，还有一些往教室外逃。年轻的女老师也慌了手脚。只有小福镇定自若地趴在桌子底下，伸手一把抓住一条蜥蜴，往一个小纸盒里一塞，放进书包，然后若无其事地坐回自己的座位上。事后，班主任把小福叫到办公室狠狠批评了一顿，并找来小福的妈妈。其他老师也反映小福很淘气、贪玩，经常捉弄女同学，学习成绩不好，希望家长配合学校对他进行批评教育。

妈妈把小福领回家后，并没有批评他。她知道不分青红皂白地训斥批评孩子，是教育的大忌。沉默了一会儿，她心平气和地问道："你为什么要抓蜥蜴，不怕它咬你吗？"小福说："它没有毒，不咬人。""是吗，你是怎么知道的？""书上说的。""你什么时候抓到的？""好几天前抓到的。""这么久了，你喂什么给它吃？""我没有喂它。书上说，蜥蜴饿急了会吃掉自己的尾巴，我想试一试，看看是不是真的。不过，它直到现在也没有吃掉自己的尾巴。"妈妈笑着摸了摸小福的头，鼓励他把实验做下去，并告诉他如何做观察记录，同时要求他不要再将蜥蜴带到学校。

两个星期后，"蜥蜴的尾巴不见了。"小福兴奋不已。恰巧市里要举行科技小发明小论文竞赛，妈妈鼓励小福把蜥蜴的实验记录写成一篇观察报告，结果，这篇报告获得了小论文二等奖。那天放学后，小福把奖状端端正正地捧在胸前，在同学们羡慕的目光中走出了校门。后来，小福被同学们选为科技活动小组组长，还成了班里的学习委员。

这个事例告诉我们，淘气的孩子并非一无是处，只要妈妈管教得当，孩子一样会有作为。

据美国明尼苏达大学教育心理学专家研究，自觉行为及创造力强的儿童多数具有三个突出的特点：顽皮、淘气、荒唐和放荡不羁；所作所为时逾常规；处事不固执，比较幽默，但难免带有嬉戏态度。这也是许多杰出人物儿时大都是调皮捣蛋的孩子的原因。

为了有效开发淘气孩子的潜能，让孩子快乐成长，妈妈要学会区分孩子的淘气与不良行为。淘气是孩子天真、幼稚、活泼的表现，是孩子探索世界的举动。淘气的行为中会有不恰当的行为，但这是幼稚所致。而不良行为却是品行问题，比如攻击性行为、不诚实行为、破坏性行为、恶作剧等。对于孩子的淘气，妈妈要宽容和引导，但对不良行为则要及时制止和纠正。

这是因为，孩子缺乏对自我行为的把握能力，不能把握分寸，所以有些淘气的行为会因为缺乏管教而逐渐演变成不良行为。比如，孩子出于淘气把东西弄坏了，开始可能是因为好奇，想看看里面是怎么回事，但如果妈妈任由孩子一再地弄坏东西，孩子的行为就可能演变成破坏性行为，即有意识地进行破坏。所以，管教孩子的淘气行为是很有必要的。比如，孩子把东西扔进水盆里，这是孩子的探索行为，妈妈可以抓住机会引导他，和他一起做玩水游戏，或做个沉浮小实验，同时告诉孩子什么东西不怕水，什么东西怕水，怕水的东西不能放进水里，等等。这样，孩子的探索欲望得到了满足，又获得了相关的知识，动手能力也得到了锻炼。

孩子的有些不良行为，往往是大人误认为是孩子淘气而忽视的结果。比如，孩子骂人，有的妈妈听了一笑了之，觉得孩子骂两句是淘气所致，不用管教，等到孩子满嘴脏话时想管已经来不及了。

7. 避免孩子成为别人眼中的"熊孩子"

孩子在公共场合吵闹，有的妈妈会认为，孩子天性活泼，这是没有办法的事情。这话听起来似乎很有道理，而生活中也常有人把孩子大声尖叫、粗鲁无礼、抢人东西、随地大小便这些没有教养的行为，当作孩子的天性。

曾经有一个网络热点事件，一位女童因为在餐厅吃饭时大喊大叫，被邻桌的一个女大学生踹了一脚，母亲为了保护女儿与对方大打出手。大众对该事件的关注度很高，这在某种程度上说明公共场合的"熊孩子"是一种常见的现象。

孩子有权利活泼，周围的人也有权利享受安静、舒适和不被打扰的环境。面对一个把天性凌驾在社会规则上的"熊孩子"，妈妈首先该醒醒了：只图孩子释放天性，那叫任性；不给周围的人添麻烦，才叫为人父母的责任。

下面这个案例，或许会让你更加清楚教育的力量。

有一次，宋浩和妈妈一起坐火车去旅行，上火车后，他一路吵吵闹闹的，妈妈反复跟他说声音要小一些，以免吵到别人，但他总是安静一会儿就又开始大声说话。妈妈就在离目的地还有四五个小时车程的车站提前下车了。

下车后，妈妈严肃地说："我知道你有说话的欲望，所以我尊重你，但我也要尊重车上的其他人，你现在想怎么说就怎么说，等你什么时候说完了，说够了，不会再打扰车上的其他人了，我们就什么时候买票走。"

就这样，宋浩和妈妈在一个陌生的车站待了七八个小时，中途他也大哭大闹地说要离开那里，但是妈妈平静地表示："你犯了错误，就要学会自己承担，你要哭闹就继续哭闹，哭饿了我这里还有吃的。我不会因为你哭闹就答应你任何事情，现在不会，以后也不会。"直到宋浩保证上车之后不再大声说话，不再打扰别人，妈妈才重新买了车票。

从那以后，宋浩再也没有在公众场所大声喧哗过。

由此可见，要想让孩子不成为被人讨厌的"熊孩子"，关键在于妈妈如何引导。

孩子还小的时候，妈妈就应该告诉孩子在什么地方应该保持安静，什么地方可以说话、走动。带孩子去看电影，妈妈要告诉孩子："看电影的时候一定要保持安静，不能大声吃东西、大声喧哗，否则周围的人会被你打扰，那样做很没礼貌。"如果妈妈坚持这样教育和引导孩子，孩子就会知道自己的行为可能会影响别人，逐渐养成遵守公共秩序的好习惯。

出门时，不要让孩子累着饿着。就算是要出门吃饭，也必须考虑到孩子可能在服务员上餐之前就饿了，因此得先准备好点心。如果是在超市购物，可以先买一些让孩子吃的东西。当然，孩子精力无限，一般闲不下来，这时就要找点事情来转移或者分散他的注意力，比如给孩子带些绘本、玩具、绘画工具，以便他有事可做。

如果孩子喜欢尖叫，可以让他在家里试试尽情尖叫，之后妈妈再小声地对他说："现在让我们来比赛看看谁的声音最小。"接着，妈妈可以和他玩"你就像我这样做"的游戏，比如把手举过头顶，或者抬抬脚、拍拍腿等。遇到孩子在公共场合尖叫，妈妈可以对他说:"你叫起来像一只大老虎!现在我们来试试像一只小猫咪那样叫吧。"通过这种方式,孩子一般能安静下来。

当孩子哭闹时,围观者越多,他哭得越是来劲,这时可以把孩子带离现场,让他好好反省一下。超市的购物车、商场的角落处、公共厕所等,都可以当成禁闭室使用。

当孩子有了侵犯别人或者破坏公共设施的行为,妈妈一定要严厉地进行批评教育,绝对不能姑息。

阅读小贴士:

通过分析人们在日常生活中遭遇"熊孩子"的惨痛经历,可以发现"熊孩子"大多集中在幼儿园到小学中低年级这个年龄段。有人甚至戏称,这个年龄的"熊孩子"是最"熊"的。那么,为什么这个年龄的孩子特别"熊"呢?

首先是以自我为中心——"熊孩子"大多将焦点放在自己身上,按自己的意愿行事,很少从他人的角度考虑,也很少顾及自己的行为会对别人产生什么影响。

其次是缺乏自我控制能力。对于熊孩子来说,如果看到某件自己想要的东西,或者有机会做出某种令自己快乐的行为,他们往往不愿意等待或者忍耐,而是希望立即获得满足。

最后是没有掌握在特定场合下应该如何表现的社会规范。人类社会存在着各种行为规范,比如"在别人家做客不要乱动东西","公共场所不要大声喧哗",而孩子的社会化程度相对较低,没有习得相应的行为规范,当他们的行为打破这些规范时,就会给人一种"熊"的感觉。

综上所述,"熊孩子"之所以"熊",是因为他们的心智发展水平尚未成熟,所以表现出各种不合时宜的行为。

8. 让孩子不再"出口成脏"

在孩子的语言爆发期,他们会模仿很多话语,电视剧、动画片、广告、父母之间的交流,甚至大街上身边走过的人说句话,他们都能记住。于是,很多不好听的词汇不可避免地进入了他们的耳朵,进而"出口成脏"。

听到孩子说脏话时,妈妈一般会厉声喝止:"你在说什么?""再说就打你!"但这样往往并不见效,有时孩子还会愈说愈来劲,弄得妈妈气急败坏。孩子觉得妈妈发火的样子很夸张,很好玩,感觉自己掌握了一种调动妈妈情绪的秘密武器。

在大家眼里,小凯是个活泼可爱又懂事的孩子,但是最近他似乎变了,跟别人说话的时候,经常会冒出一两句脏话来,比如"你是蠢猪啊!""赶紧滚蛋"之类。

上个周末,妈妈带他去参加朋友聚会,他带了一个变形金刚的玩具。朋友觉得他好玩,就对他说:"小凯,你的变形金刚怎么玩,教我玩好不好?"小凯很高兴地答应了。教了几遍之后,朋友装作还是不懂的样子,故意逗小凯,结果他不耐烦了,一把抢过自己的玩具,说道:"你怎么跟猪一样笨!"妈妈听了非常尴尬,朋友也呆住了。妈妈随即严厉地教训了小凯,他也哭着承认了错误,并且道了歉。但还没过一天，他的嘴里又开始时不时地蹦出脏话来。

语言是一种虽不见血，却最锋利的武器。无论是谁，都受不了语言的攻击。如果不想孩子说出不讨人喜欢的脏话，妈妈自己首先要使用文明语言，净化家庭语言环境。孩子在三四岁时语言能力发展迅速，模仿能力强，妈妈是他们模仿的重要对象之一。有时孩子说脏话，妈妈为了制止他，就用更难听的话来斥责孩子。比如，孩子骂人"笨猪"，妈妈便骂他"没教养"，一来二去，孩子从妈妈的话里又学到了一个新鲜的骂法。

妈妈要明确地让孩子知道，说脏话的孩子不是好孩子，引导孩子用文明的语言来表达内心的感受。比如，孩子因为愤怒说出脏话，可以教孩子直接表达："我很不高兴，请你不要这样做了。"孩子出于兴奋说出脏话，可以教孩子这样表达："哇，太棒了，太好了！"

孩子说脏话时，妈妈还可以用暂时的冷漠、不理睬、不高兴的脸色、严厉的语调等来对待，这些都可以帮助孩子明辨是非。在孩子故意说脏话，并且多次解释、劝告都无济于事的情况下，妈妈应该立即采取措施来制止孩子的行为，让孩子深刻认识到说脏话会给自己带来不良后果，从而改正自己的行为。另外，可以把"不骂人"列入"一天的行为要求"中，如果孩子做到了就进行表扬，坚持下去一定会有成效。

当然，人难免会有不良情绪，孩子也不例外。对此，妈妈可以帮助孩子选择适当的宣泄方法，比如让孩子把不高兴的事情告诉父母，以缓解心中的不快；让孩子大喊几句，抒发内心的郁闷；等等。有时孩子骂人是对自己受到伤害的一种情感宣泄，妈妈应该引导孩子以平和的心态看待自己与他人之间的摩擦，学会包容他人的过失。

9. 帮助孩子改掉丢三落四的坏习惯

播种行为，可以收获习惯；播种习惯，可以收获性格；播种性格，可以收获好运。相信很多妈妈都有去学校给孩子送忘记带的作业、学习用具的经历，孩子匆匆忙忙地赶着上学，发现东西忘了就打电话给妈妈，于是，妈妈只得冒着上班迟到的风险，风风火火地赶去学校给孩子救场。然而，给孩子送了一次东西后，孩子很可能不久又会忘记带另一样东西，于是继续打电话向妈妈求助……

一天，小桃的学校举行活动，规定要穿校服、戴红领巾。刚下楼不久，小桃就按对讲门铃，要妈妈给她送落下的红领巾。但妈妈一改往日送东西下楼的习惯，让小桃自己上楼取。上下5楼，对上学时间已经很紧的小桃无疑是一个考验，但她终究没有拗过妈妈，只好自己跑上跑下，累得气喘吁吁，还差点迟到。从此以后，小桃做事再也不那么粗心大意了。

贾玲的儿子上初中了，因为学校离家太远，她决定让儿子住校，周末才回家。刚开学的第一天晚上，她就收到了儿子的短信："三本重要的教辅材料忘记带了，老妈，明早抓紧给我送来。"贾玲说，从小到大，儿子经常出现忘带东西的情况。

孩子之所以丢三落四，一般有以下几种原因：

一是缺乏物品管理意识。孩子的东西一般是由妈妈代买和代管，随着孩子年龄的增长，有些妈妈也没有要求和培养孩子管理自己的物品，以至于孩子上学了仍然随处乱放自己的物品。

二是缺乏有意记忆能力。孩子的注意力容易分散，刚交代完一件事情，又会被其他事情所吸引，而且缺乏特意记住某件事的意识。

三是缺乏生活经验。孩子常常只关注当下现实的需要，想不到未来的需要，所以手头不用的物品就随便乱放，等到需要的时候，妈妈又会马上帮助孩子解决问题，这就使孩子意识不到严谨细致、分类有序地放置物品带来的好处，不利于改掉丢三落四的毛病。

四是缺乏责任意识。自己的事情自己做是孩子应具有的基本的责任意识，但在很多家庭里，孩子很少有机会体验自己的事情自己做的完整过程。生活经验不完整，责任意识也不成熟，所以做事容易有头无尾、马马虎虎。

要想让孩子改掉粗心、丢三落四的毛病，妈妈要做好榜样。有些妈妈由于工作繁忙，家里乱七八糟，找东西总要浪费很多时间，在这样的家庭环境中成长的孩子多半也是随手乱放、随地乱扔东西。只有妈妈做好榜样，把家里打理得井井有条，才有利于孩子养成做事有条理的好习惯。

同时，妈妈也要学会做个"懒妈妈"。可以准备一个专门的小柜子，用来摆放孩子的书本和玩具，要求孩子把课本、练习本、玩具分类摆放。平时督促孩子有序地放置东西，使孩子养成自觉收拾东西的生活习惯。坚决不放过任何一次不按规定办事的行为，一旦发现，马上要求孩子按规定摆放好。有时孩子因为乱塞乱丢而找不到自己的东西，妈妈可以不帮忙寻找，让孩子感受一下不按规定摆放物品的后果，然后再帮助孩子。

林丽说："儿子第一次弄丢他的电话手表时，表现得心烦意乱。

全家人一起把家里翻了个底朝天，终于在第二天找到了。不过从那时起，我们告诉他，他不用电话手表的时候，就把电话手表放在桌子上充电的位置，之后他再也没有弄丢过它。"

有时妈妈也可以提醒孩子一些注意事项，比如制作一个"提示板"，放在孩子容易看到的地方，比如带雨伞、红领巾、练习簿等。如果孩子做到了，可以适当给予奖励。渐渐地，出门及回家前检查应该携带的物品就会成为孩子的习惯。

但是，如果孩子出门走到半路想起有东西忘带了，妈妈不要替他去取，应该让他自己回去取，即使迟到也要让孩子记住这个教训。到学校后孩子发现东西忘带让妈妈送过去，一次两次可以，次数多了，妈妈要"狠下心"不送，否则孩子有恃无恐，根本不会真正重视这个问题。

孩子丢掉一件东西后，也不要立即给他买新的，可以要求他做家务活挣零花钱，积攒起来去买这件东西，或是出一部分钱。当孩子体会到东西来之不易后，下次就会小心了。

阅读小贴士：

任务清单是一种有效的自我提醒工具，也是美国家庭热衷采用的方式。妈妈可以为孩子准备一个记录本或者列一个事件清单，让孩子把需要记住的东西都记在上面。比如每天固定需要完成的任务，比如老师要求带的、交的东西，逐渐培养孩子认真记录的好习惯。

第七章 停止吼叫，帮助孩子成为受欢迎的人
——培养高情商的孩子

过分溺爱让不少孩子变得任性、骄横、无礼、自私……种瓜得瓜，种豆得豆，妈妈应积极寻求育儿对策，让孩子成为一个高情商、高智商且受人欢迎的人。

1. 让孩子学会换位思考

换位思考，是指设身处地为他人着想，以减少很多不必要的矛盾。生活中，有的孩子因为家人的宠爱，变得有些娇横和霸道，这时很有必要教他学会换位思考。换位思考的目的，不只是停留在理解对方的感受这个阶段，还要进一步学会宽容对方。比如，让孩子站在爷爷奶奶的角度思考，孩子就容易理解他们的殷切关爱和唠叨；让孩子站在父母的角度思考，孩子就容易理解父母望子成龙的心理；让孩子站在老师的角度思考，孩子就容易理解老师的严格要求。

一般来说，只要不是原则性问题，都可以试着去谅解。当孩子与别人发生矛盾时，妈妈要教育孩子从对方的角度出发，去体会对方的感受，理解对方的行为。

一位妈妈分享了自己的经验："有一次，朋友给儿子买了一顶帽子，不料儿子却当着朋友的面抱怨帽子小，一脸的不高兴，更没有主动表示谢意，弄得朋友十分尴尬。朋友走后，我问儿子，'上周你同学生日，你送了一件礼物给他，他喜欢吗？''喜欢啊，他很高兴！''假如他一脸的不高兴，你心里会怎么想？对方高高兴兴地接受，并大大方方地感谢你，你当时是不是很高兴？'儿子沉默了，接着主动打电话给送礼物的阿姨表示歉意和感谢。后来，儿子渐渐学会了换位思考,即使我不提醒他,他也能意识到别人的帮助并主动说出感谢的话。"

很多时候,孩子之所以会以自我为中心,是因为他不知道自己的行为会给别人带来什么样的负面影响,对此,妈妈要引导孩子学会换位思考,对于生活中、电视上出现的情景,引导孩子想一想:"如果我受到这样的对待,会有什么感受?""如果我是他,会怎么做呢?"妈妈和孩子之间还可以试着交换角色,让妈妈做"一日孩子",让孩子做"一日妈妈",加强亲身体验,形成相互理解、相互体谅的良好氛围。

妈妈可以选择一个周末,对孩子说:"现在请你闭上眼睛,想象一下,假如你是孩子的妈妈,工作了一整天,回到家已经筋疲力尽,孩子却缠着你,要你陪他去打羽毛球,而你还有很多家务要做,房间里到处乱糟糟的,晚饭也没有做,但孩子一点也不体谅你,非要去打羽毛球,这个时候,你应该怎么办?"让孩子说说他有什么感受,然后告诉孩子:"如果你感觉很不舒服,那就是不考虑别人的感受;如果你迁就孩子陪他去打羽毛球,这对你会是一种伤害。"当然,我们不排除孩子会这样说:"这有什么呀,孩子叫你一起去打羽毛球,不也是一种放松吗?"孩子这样想,说明他缺少生活体验,不知道身心俱疲的感觉,不明白家庭琐事缠身的烦恼。所以,接下来妈妈要引导孩子用行动去"换位实践",从而得到新的体验。同样找一个周末,让孩子做一天妈妈,妈妈则做一天孩子。由孩子来安排一天的生活,妈妈可以辅助做饭等,但也要听孩子指挥,按孩子的要求来做。总之一切由孩子负责安排。通过这样的换位实践,孩子也许就会得出不同的答案。

平常跟孩子一起读绘本故事,或者出去玩的时候,妈妈可以问问孩子:"你觉得他有什么感觉?"鼓励孩子关心别人的心情和想法。

培养孩子的换位思考能力，很多时候，妈妈需要做的不是告知，而是发问，启发孩子产生一些共情行为。比如，别的小朋友摔倒了，孩子在一旁哈哈大笑，妈妈可以问："如果你摔跤了，别的小朋友笑你，你会有什么感觉?"当孩子说"我一定觉得很丢脸、很难过吧"，妈妈可以接着问孩子："那么如果你是他，你会希望别的小朋友做些什么呢?"

当孩子学会了换位思考后，你会发现他有无限的力量，去采取对别人有益的行动。

2. 让孩子拥有一颗感恩之心

俗话说："百行孝为先，孝为德之本。"以孝敬长辈为核心的家庭美德，几千年来代代相传，形成了中华民族伦理观念和道德品质的精华部分。然而，最近几十年"孩子为大"的观念盛行于世，许多孩子被宠成了"小皇帝"，认为接受父母给自己准备的一切是理所当然的。很多妈妈也不遗余力地爱自己的孩子，甚至超出了自身能力，但她们的付出不仅没有换来孩子的感激，孩子还觉得自己不够幸福，一有不如意就怨天尤人。这主要是因为妈妈们忽视了培养孩子的感恩意识。

萱萱11岁，父母十分疼爱她，而她也很爱父母，但她头脑里还没有心疼父母的概念。每天下班后，父母拖着疲惫的身子回到家中，连水都没喝一口，萱萱就一个劲地要爸爸陪她玩，还嫌妈妈做饭慢。对此，父母感到有些难过，他们想，也许是平时对女儿的溺爱让她没有孝敬父母的意识。他们决定通过生活小事来培养孩子的孝敬意识。

一天晚饭后，爸爸在阳台晾晒衣服，妈妈在收拾碗筷。妈妈面带笑容，鼓励地说："萱萱，你能加入到我们的家务劳动中来吗？"萱萱一边答应，一边走进卫生间拿出拖把，准备拖地。第一次拖地，开始还比较轻松，渐渐地萱萱感到有些吃力，额头上渗出了细细的汗珠，胳膊也酸痛不已。她好奇地问妈妈："妈妈，你平时拖地也这么累吗？"妈妈说："虽然我力气比你大，不过每次拖完地也觉得挺累的。"萱萱听了若有所思地说："妈妈，我现在长大了，以后家里的地就由我来拖吧。"

妈妈听了心里美滋滋的，夸奖道："女儿懂事了，知道心疼妈妈了。"听了妈妈的夸奖，萱萱更加高兴了。此后，她变得懂事多了，除了坚持拖地，还会主动帮父母做些家务活。

高尔基说："爱孩子，那是连母鸡也会做的事，而真正教育他们则是一件大事。"当妈妈打着"爱"的旗号，溺爱、包办一切，不仅自己辛苦不堪，也在不知不觉中剥夺了孩子独立自主的权利，甚至压制和否定了孩子的自尊自主意识。久而久之，孩子便默认自己什么都不会，需要别人照顾，并且认为妈妈所做的一切理所应当，不懂感恩！

培养孩子学会感恩，因为感恩不仅是一种美德，更是生命的一个基本要素。只有让孩子知道感恩，他的内心才会充实，头脑才会理智，人生才会有更多的幸福。常怀感恩之心，这个世界才会变得更加美丽。

从某种意义上说，缺乏感恩意识的孩子，无论他的能力多么出色，都难以成为真正意义上的强者，因为社会难以接受和认可不知道感恩的人。

所以，妈妈除了教孩子勤读书、有礼貌、守秩序外，还要培养孩子的感恩之心。懂得感恩的人才懂得爱，而在爱中成长的孩子才能快乐幸福。

在日常生活中，妈妈要给孩子创造一些"回报"的机会，适当让孩子为父母做些付出，从而懂得并敢于去付出自己的爱。当孩子懂得付出与回报后，他才会懂得珍惜、体谅别人。比如告诉孩子，父母为自己做事后要说"谢谢"；父母疲惫时，帮忙端茶倒水、捶背揉腿；父母生病时，做些力所能及的事情，学会照顾父母。通过这些小的事情，让孩子明白如何表达自己的感谢之情。

过年过节的时候，妈妈可以提醒孩子对每一个家庭成员说一句祝福的话语；家人过生日时，鼓励孩子送上祝福并准备自制的礼物，孩子在感受到自己给别人带来快乐的同时，自己也会很开心。这不仅可以增进孩子与亲人之间的感情，也能培养孩子的责任心。

为了养家糊口，妈妈在工作中也许会面临各种压力，但回家后一般会尽量给孩子一张笑脸，担心艰难的现实会给孩子带来生活的压力。其实，如果妈妈能偶尔告诉孩子自己的一些烦恼，孩子便能慢慢学会体谅妈妈，从妈妈的角度去思考问题，并学会关心妈妈。

妈妈还要让孩子凡事看到积极的、好的一面，学会发现事物的独特价值，习惯于从平凡的事物中寻找值得感恩的地方，锻炼从错误、失败和逆境中去学习、去成长的能力，鼓励孩子去领略世间万物。

当孩子拥有了一颗感恩的心，就会发现生命的丰富多彩，既对得起自己，也对得起别人，路也会越走越宽。

阅读小贴士：

于爱来说，孩子的感悟分为三个阶段：

第一个阶段是0~6岁，孩子模仿大人去关爱他人。在这个阶段，孩子将双臂打开，毫无保留地向妈妈索要爱。这时不能奢求孩子去爱你，除非你给他的爱质量很高，他会模仿你的模式去回馈别人。

第二个阶段从7岁开始，孩子清晰地知道自己需要爱。7岁实际上是一个由内往外发展的年龄开端，在这个阶段，孩子发现自己跟别人的关系并不仅仅是"我需要爱"，而是爱的流动——我爱你，你爱我，我能与你有情感的流动，这需要6年的时间。在这6年里，孩子会特别在意自己和父母的关系，极需父母的关心。以这样的模式度过6年后，孩子开始把注意力从父母那里转移开，从自我及与父母的关系中走出来，开始关注他人，关注社会，开始施予爱。

第三个阶段是13~20岁，孩子懂得爱别人。这个阶段孩子会爱很多人，上电梯会主动开门，父母难过时会抚慰父母，体现出爱他人的高尚品质。

所以，小时候没有受到压抑，充分得到爱的孩子，在青春期就不会破坏性地逆反，而是懂得关心体贴父母。

3. 帮助孩子学会分享

生活中，许多妈妈过度溺爱孩子，把孩子放在家庭的主导地位，使孩子形成以自我为中心的错误态度，不会关心父母、关心他人，更不会关心社会。

经常会有这样的场面：自家孩子想要玩朋友家孩子的玩具，朋友家孩子就是不给，惹得朋友直生气，有的甚至边责骂孩子边打孩子的屁股；还有一种是自家孩子不让别人碰他的玩具，生气、打孩子屁股的人是你。这主要是因为妈妈觉得孩子不懂得分享，表现不好，让自己在朋友面前丢了面子。生活中大人强迫孩子与人分享的事情时有发生，有时甚至演变成肢体冲突。

著名经济学家、瑞士苏黎世大学教授恩斯特·费尔曾经主持过一个有趣的糖果实验，结果显示，3~4岁儿童普遍显现出"利己"倾向，不考虑其他孩子的利益。5~6岁儿童的表现相差无几，但7~8岁儿童则有完全不同的表现。因此，恩斯特得出结论：三四岁的孩子通常是最自私的，而孩子懂得与人分享一般要到七八岁时。

实验告诉我们，自私或许是人的本性，而平等观念和分享行为是先天和后天共同作用的产物。所以，分享观念的习得离不开妈妈的教育和引导。

一位妈妈这样说:"女儿不知道如何与别人分享,我也不知道如何讲解才能让她理解。我想,也许我们直截了当的行动,会让孩子看得更清楚一点。我经常会做一些小点心,每次做好后,都会让女儿拿一些去送给邻居。久而久之,在我们的影响下,每次有同学来家里玩,女儿都会把自己的东西拿出来与同学分享。有时学校里有出游活动,女儿还会要求我多做一些点心,让她带到学校和同学们一起分享。"

可见,要想培养孩子学会分享,首先要有为孩子创设充满分享意识的环境。孩子身边所有的人、物、事件、情绪,统统构成他的成长环境。当环境中充满了分享的意识、情绪、行为,孩子的分享意愿才会从心底产生。

从孩子小时候起,妈妈就应有意识地培养孩子喜欢分享的品质。比如,当孩子手里拿着画册时,父母可以拿一个玩具,温柔地要求与孩子交换手中的画册。通过反复训练,孩子便能学会分享与信任。

妈妈还应该为孩子提供一些与同伴分享的机会,比如邀请孩子的朋友到家里来做客,鼓励他拿出心爱的玩具和零食来招待大家,体验与别人分享的快乐。

很多孩子愿意玩别人的玩具,但是让他拿出自己的玩具给别人玩,他就不乐意了。遇到这种情况,妈妈应该在客人到家里来之前,让孩子挑选几样他愿意让别人玩的玩具,告诉他不要担心玩具被弄坏。这样,当他无条件地与别人分享东西时,他能感到自己对这些东西仍有控制力,它们还是属于他的。当许多孩子在一起玩时,可以让大家把自己心爱的玩具拿出来一起分享,让孩子体验玩别人玩具的快乐,并且明白分享不等于失去自己拥有的东西。如果孩子已经出现了自私的行为,妈妈要及时进行纠正,比如通过换位思考的方式让孩子体会自私行为带给别人的伤害,用一些故事让孩子了解自私行为会造成哪些不良后果。当然，想让孩子马上接受是不太现实的，需要给他一个适应的过程。

　　有些东西在孩子的眼里非常珍贵，妈妈在鼓励孩子与他人分享时，应该尊重孩子正常的占有欲，不要强迫孩子分享。告诉孩子，鼓励他分享，对于他特别珍爱的东西，可以不分享，但也不要拿出来向别人炫耀。同时，妈妈也要保护好孩子珍爱的东西，为孩子承担起不愿与别人分享的责任。

4. 有礼貌的人处处受欢迎

英国思想家约翰·洛克说："礼貌是儿童与青年应该特别小心地养成习惯的第一件大事。"一个有礼貌的人，无论走到哪里都会受到欢迎；而没礼貌的人，总是让人心生厌烦，即使再有才华也寸步难行。以问路为例，当你走在陌生的街道上，想要问路，如果微笑着上前说："阿姨，您好，请问到某某地方怎么走？"在对方告诉你以后，赶忙说："谢谢您！"如果你冷冰冰地上前问道："某个地方怎么走？"对方可能不会搭理你。简单的问路，能否得到好结果，取决于问路人是否懂礼貌。想想看，人活在世上处处都要与人打交道，礼貌的重要性不言而喻！

当然，孩子并非天生就懂得礼仪。事实上，他们生下来就只会哇哇大哭，这是他们的本能。所以，一个有礼貌的孩子一定是父母教出来的。

孩子刚咿呀学语，毛星雨就教给他礼貌用语。早上起床，笑着对他说："早上好！"晚上睡觉，亲亲他的脸，对他说："晚安！"去上班，挥挥手，对他说："再见！"孩子渐渐长大，很自然地学会了各种礼貌用语，到了外面，大家都夸他是个懂礼貌的乖孩子。不仅如此，丈夫也受到了影响，主动当起了孩子的"礼仪辅导员"。有一次,丈夫在单位遇到不顺心的事情,回到家里看见饭还没有做好,火气顿时上来了,想发泄一番。毛星雨笑着说:"别在孩子面前表现得那么粗鲁,等会儿我们找个没人的地方,好好吵个痛快。"丈夫听了不禁大笑起来,肚子里的火气也消了。

　　一个有礼貌的孩子,需要妈妈身体力行的教育。首先妈妈要以身作则。孩子最擅长的就是模仿,妈妈在公共场合吵吵嚷嚷,孩子也会跟着学;妈妈随地乱扔垃圾,孩子也会学着扔。所以,妈妈一定要给孩子做好榜样,把"谢谢、请、不好意思、不客气"等礼貌用语运用到与孩子的交流中。通过情景对话、角色扮演等方式,教会孩子在什么情况下使用哪些礼貌用语。

　　比如,妈妈让孩子帮忙做事,事后要对孩子说"谢谢";不小心伤害了孩子,要跟孩子说"对不起"。这样,孩子才能感受到被有礼貌地对待是一种什么感受,明白这种愉悦舒适的感觉也能通过自己的礼貌带给别人,从而自发表现出礼貌的行为。这种发自内心的力量,比妈妈的强迫要有效得多。

　　当孩子表现出不礼貌的行为时,妈妈不要以年龄小、心情不好等借口来包庇孩子。这样孩子根本意识不到自己的行为是否恰当,难以树立良好的是非观,以后再想纠正,往往要花费更多的精力和时间。

　　因此,孩子不礼貌时,妈妈要温和而坚定地告诉孩子这样是不礼貌的,正确的方式应该是怎样,耐心地引导他。

　　在纠正孩子不礼貌行为的过程中,换位思考是一个很好的方法,可以让孩子亲身体验有没有礼貌给别人带来的不同感受。

　　要让孩子学会礼貌待人,平时的表扬和鼓励也非常重要。这能让孩子体会到大家都喜欢有礼貌的孩子,而且有礼貌的孩子会拥有很多朋友。所以,妈妈带孩子外出参加聚会、展览等活动时,要适时给予孩子这方面的表扬和鼓励，让孩子体会到讲礼貌带来的快乐。这种方式既可以培养孩子懂礼貌的习惯，也间接培养了孩子自信、开朗和活泼的性格。

注意，不要奢求孩子迅速改变，而要关注孩子的一些细微变化，只要有进步就给予鼓励。

孩子文明礼貌的养成不是一朝一夕的事情，只要妈妈抱着水滴石穿的态度，从小事抓起，运用多种办法、多种形式对孩子进行文明礼貌的教育和行为训练，相信一定会有所收获。

5. 让责任感在孩子心中扎根

托尔斯泰曾说:"一个人若没有热情,将一事无成,而热情的基点正是责任心。"责任感是一种敢于承担、有所作为、勇于负责的精神。一个有责任感的人,无论责任大小都不会推卸,因为他知道负责任是一种积极的人生态度。当孩子具有很强的责任感时,他的自我管理能力相对会更强,做事的自觉性也会更高。

一个11岁的美国男孩踢足球时,不小心打碎了邻居家的玻璃。邻居向他索赔13美元。当时13美元足以买下125只生蛋的母鸡,是一笔不小的数目。闯下大祸的男孩向父亲承认错误,父亲让他对自己的过失负责。男孩一脸为难,父亲见状,对他说:"这笔钱我可以先借给你,还款期限为一年。"这以后,男孩经常利用周末的空闲时间到附近的农场打工,用了大半年时间,终于还清了自己的债务。这个男孩就是美国第四十任总统里根。他在回忆录里写道:"通过自己的努力来承担过失,使我懂得了什么是责任。"

孩子的责任感不是天生就有的,如果一个孩子特别有责任感,很大程度上是父母教育的功劳。那么,妈妈怎样才能培养孩子的责任感呢?

一是让孩子学会自理,孩子只有把自己的事情处理妥当了,才能建立责任感。学习上也一样,上学后,让孩子独立完成学习任务,包括检查作业、收拾文具、整理书包等，让他能管理好自己，对自己的所有事情负起责任来。

二是让孩子对家庭负责。现在有些妈妈什么事都不让孩子做，只要求孩子认真学习，这对培养孩子的责任感十分不利。当孩子到了一定的年龄，能帮助父母做些事情时，妈妈就应该分派一些任务给他，让他来负责。要让孩子知道，他作为家庭中的一员，和父母一样有责任和义务分担家庭事务，这样能培养他对家庭、对亲人的爱和责任感。

三是让孩子学会对自己所属的团体负责。上学后，在班级里有值日小组，在学校有球队等，这些都是孩子所属的团体。妈妈应该告诉孩子，在团队中要主动多做一些事情，帮助其他伙伴，尤其是对弱小的伙伴，更要多加照顾。孩子有了责任感，才有可能成为团队的领导人物，跟其他伙伴相处得更加融洽。

四是培养孩子的社会责任感。孩子迟早要步入社会，而且只有融入社会，才有机会取得成就。妈妈要让孩子从小遵守社会公德，不要乱扔垃圾，不要在公众场所大声喧哗等，鼓励孩子参加各种志愿工作、募捐活动，培养孩子对社会的责任意识。

阅读小贴士：

行为主义心理学认为，孩子的行为总是被后果所强化。当一个孩子经常从一种行为中得到积极的情感体验，就更有可能将这种行为倾向固化下来，形成品质或习惯。责任感的培养也是如此，在孩子做出有责任感的行为后，如果妈妈能够适时地给予表扬和鼓励，那么孩子做出同类行为的积极性就更容易被调动起来。

6. 成为"领头羊",孩子更自信

生活中,有些孩子在和伙伴们一起玩耍的时候,总能脱颖而出,成为领导者。他们似乎天生有一种团结人的本领,让人心甘情愿地向他们靠拢并信服他们。每当集体中有人因意见不合而发生争执时,他们总能轻而易举地解决问题。他们还善于发现、发挥别人的优点,所以大家都喜欢他们,愿意在他们的"指挥"下行动。其实,这就是孩子的领导能力。

在社会上,具备领导能力的人有很强的竞争优势。不过,领导能力除了部分源于天赋外,更重要的是后天的塑造。如果妈妈在孩子小的时候就开始有意识地培养其领导才能,并且让他主动地在日常生活中表现出来,将大大增加孩子日后成功的可能。

苗苗是一个很有主见的女孩,也是集全家宠爱于一身的幸运儿。每年过生日,父母都会为她举办隆重的生日宴会,这不,她的 8 岁生日很快就要到了,父母决定放手让苗苗自己来组织安排生日宴会。

苗苗为此十分兴奋,她将需要的东西和邀请的小朋友分别列好了清单,然后拿给妈妈过目,并对妈妈说:"妈妈,帮我一起写邀请函吧,我一会儿给他们送过去,两个人一起写会快一些。"很快,邀请函写好了,苗苗把邀请函亲自送了出去。

回家的路上,苗苗觉得应该安排一些小节目,那样才更好玩,更热闹,光是吃吃喝喝太无聊了。到家后,她把这个想法告诉了妈妈,妈妈认为这是个不错的主意,小朋友们既吃得饱,又玩得好。于是,苗苗想了几个节目:第一个节目,自己唱《世上只有妈妈好》,感谢妈妈;第二个节目,其他小朋友表演诗歌朗诵;第三个节目,猜谜语;最后大家一起唱生日歌。

晚上7点,受邀的小朋友按时来参加苗苗的生日宴会,父母也准备好了蛋糕、零食和水果。苗苗自己主持小晚会,节目一一进行。小朋友们都积极参与,玩得不亦乐乎。游戏结束后,大家一起唱了生日歌,吃了生日蛋糕。小朋友们还给苗苗送上了精心准备的小礼物。之后,大家又玩了一会儿,尽兴而归。

在这次宴会中,苗苗不仅发挥了自己的组织领导能力,得到了父母的认可和鼓励,还加深了与小朋友们之间的友谊,可谓一举多得。

孩子在成长的过程中,渐渐有了自己的想法,想按照自己的方式做事,这时,妈妈不要去阻止他,而要鼓励他,最好让他独立完成。妈妈适时给出一些小建议即可,不必事事亲力亲为。

妈妈可能具有相当丰富的经验,但是这些经验不一定适合当下孩子生活的环境,所以不要将自己的意志强加在孩子身上。孩子需要自由地发挥自己的思想。一般来说,领导者有一个共同特点,就是能够勾勒出一幅蓝图,吸引同伴为了这个蓝图和自己一同奋斗。要想成为"领头羊",孩子必须敢于幻想,善于提出奇思妙想,让大家和他一起付诸实践。妈妈要学会欣赏孩子的奇思妙想,并鼓励他去实践、去行动。在行动中,孩子能够锻炼实现梦想的能力,也能够吸引更多的追随者。

一般来说,孩子在自己感兴趣的领域容易成为领导者。比如,有的孩子乐意做运动场上的领头羊,有的孩子则对当班干部情有独钟。

有的孩子写作方面才华横溢，可以成为校报的编辑；有的孩子擅长下象棋，可以力争成为学校象棋俱乐部的部长。当孩子在自己擅长的领域成为领导者时，有利于他树立信心，而信心是领导能力的基础。

各种竞选活动也是很好的锻炼机会。当孩子所在班级竞选学生干部时，妈妈应该主动做孩子竞选活动的支持者，并为孩子出谋划策。比如孩子想竞选班干部，妈妈可以告诉他一个秘诀：每天到学校遇见班里的同学，就热情地打个招呼，向他们友好地微笑。久而久之，孩子的人缘就会很好，他能够团结班上的许多同学，竞选班干部也就有了较好的群众基础。

为了准确掌握孩子的心理发展特点，妈妈要尽量参与到孩子组织的活动中。对于被安排的任务，如果不是特别离谱，就要认真地去执行，这是对孩子的一种支持，也会让孩子产生一种成就感。

另外，妈妈还要教孩子向能力比自己强的人虚心学习，以便尽快达到对方的水平；而对不如自己的人，也要学会比照对方来反观自己，看看自己是不是也有这方面的毛病，有则改之，无则加勉，这才是切实提高领导能力的有效途径。

阅读小贴士：

全球知名人才管理咨询企业 DDI 曾经发布一份调查报告，调查的主题是"孩子成为领导者的热情"。经过分析来自世界各地 300 多位家长对孩子（集中在 2~22 岁）的调查反馈，他们发现，孩子早期"成为领导者的热情"在中学期间会大大下降。其中最主要的原因是，压力导致孩子更倾向于选择安于现状，而不是从同辈中脱颖而出。

由此可见，在学业成绩、人际交往、青春期烦恼等种种压力面前，孩子选择了他们认为更安全、更稳妥的处世方式，有时甚至信心全无，以避免过于突出而遭到排挤。

7. 让孩子明白团队合作的重要性

英国作家塞缪尔·巴特勒说过:"不管一个人的力量大小,他要是跟大家合作,总比一个人单干发挥的作用更大。"因为个人的能力有限,看问题的角度也很单一,很多地方可能会想不到、做不到。而与人合作,大家集思广益、一起动手,往往能更好地完成一件事。

但现在的孩子大多任性、脾气大、合作能力差。所以,培养孩子的合作能力是妈妈刻不容缓的工作。

小华最近陷入了苦恼之中,放学回到家总是愁眉苦脸,妈妈关心地询问他是不是遇到了什么麻烦。小华说:"最近我和同学们的关系越来越紧张了。我觉得自己是中队长,很重要,可那些不重要的人却处处和我作对。"妈妈听了,请小华伸出他的5根手指,然后问道:"现在请你告诉我,哪根手指最重要?"小华盯着5根手指看了半天,为难地说:"都重要。"

"是的,5根手指都很重要,缺一不可。它们有长有短,有粗有细,配合起来才有力量。如果都一样长,那一定不好用。在集体生活中,每个人就像其中的一根手指,性格不同,爱好不同,能力不同,但每个人都很重要,每个人都有他独有的能力和作用。如果你能把每个同学看得和自己一样重要,就会发现他们的优点和长处,发现他们的作用，从而改善双方的关系，与大家和谐相处。"

小华觉得妈妈言之有理，后来还在学校成立了"五指中队"。当他改变了看问题的角度后，发现整个中队的人都很重要，每个人都有很多长处。他按每个人的长处给队员分配了角色，并充分肯定了所有人的作用。不久，"五指中队"被评为优秀中队，小华也被同学们选为"知心队长"。

在未来社会，一个人的团队合作能力就是他的核心竞争力。能否培养出一个"合作型"的孩子，是对每个妈妈的考验。

为人父母，如果对孩子的未来负责，就不能只关心他们的考分，而更应该关心他们全面素质的培养和提高，帮助他们与他人和谐相处，以充分施展自身才华，走上成功之路。那么，妈妈应该怎样培养孩子的合作精神呢？

在培养孩子的合作意识时，妈妈可以首先从亲子关系开始。比如，家里来了客人，妈妈要准备丰盛的晚餐，不妨让孩子做一些力所能及的事情，比如把水果放在果盘里、帮忙摆放碗筷，这些工作可以让孩子意识到他是家庭中的一分子，有能力为家庭做出贡献。又如做家务，全家人可以分工合作，妈妈负责做饭，爸爸负责洗碗，孩子则负责拖地，这样不仅锻炼了孩子的合作能力，同时也让他学会了做家务，拥有了自理能力。

集体活动是最能培养孩子合作能力的方式，妈妈应该鼓励孩子加入集体，与伙伴们一起行动。首先要提醒孩子不能错过班集体的活动，并让他在老师的带领下做好自己分内的事情，与班里的同学建立融洽的关系。同时，孩子和要好的伙伴之间也可以组成小集体，进行一些小活动，比如拼装模型玩具、做小实验，这些活动更需要孩子具备合作精神，否则大家容易不欢而散。妈妈还可以鼓励孩子参加足球、篮球、排球、跳绳等体育活动。这些活动既有团体之间的对抗与竞争，又有团体内部的协调与一致，有利于培养孩子的合作精神。

如果孩子不合群，妈妈要鼓励他多和别的孩子接触、交往，让孩子有足够的时间与同伴在一起，他们可以一起交谈，一起分享玩具，一起做游戏，一起做作业。如果因为害怕孩子学坏而过多地进行干涉，甚至禁止孩子与同伴交往，无异于因噎废食，因为这种交往是孩子获得合作能力和情感体验的最基本条件，有利于孩子养成合作意识，扭转执拗或孤僻的性格。

有的孩子可能不太明白合作对自己有什么好处，内心也抗拒合作，对此，妈妈可以创造机会让他体验一下合作的快乐。在家里，可以通过全家人一起大扫除或者去超市采购东西，让他看到合作的好处；在外面，可以给孩子及其伙伴布置一项小任务，如在限定时间内打扫楼道，当大家一起完成任务后，可以给他们拍照留念，或者奖励他们一些小零食。

有的时候，孩子会不明白应该怎样与人合作，这时妈妈可以通过画册、电视节目或者孩子之间发生矛盾时的具体事件，生动形象地说明什么是分享与合作；还可以针对孩子在交往中可能出现的矛盾，向孩子提出一些问题，如"两个小朋友，只有一个玩具怎么办"，引导孩子找出适当的解决方法——两个人轮流玩或者一起玩。当然，针对某个具体问题可以采用很多方式，但我们要选择其中最合适的方式。当一个小朋友来抢孩子手中的玩具时，孩子可以将他推开，或者放弃，或者友好、认真地对他说："不要抢，咱们可以一起玩。"通过比较，让孩子在感性上有所认识，尝试去处理矛盾。随着年龄和阅历的增长，孩子会渐渐明白，在合作中既要尊重他人、服从大局，又要有自己的立场。

第八章　停止吼叫，培养孩子的独立自主能力
——杜绝大包大揽，该放手时就放手

随着年龄的增长，孩子想要摆脱妈妈的束缚，争取独立的愿望越发强烈，这时，妈妈可以根据孩子的心智成熟程度，试着放手。

1. 可以爱，但不可以溺爱

曾经有这么一条新闻：一个大学生，每次吃鸡蛋都是妈妈剥完壳给他吃。有一次在学校食堂吃饭，他把一个鸡蛋连壳一起吃，还说："这个鸡蛋怎么和家里的不一样呢？"

无独有偶，东南大学的一位教师说，一些学生考入大学、离开父母后，基本无法独立生活，不能自理自立。一位考上南京某大学的高才生，入学一个月便将自己的各种证件、钱物等都丢失了，并且无法应付简单的日常生活。学校不得已，只能要求他的父母到学校帮助他料理生活。后来这个学生还是感觉无法适应，只好休学回家。还有一些大一、大二的学生将自己换下来的脏衣服打包快递回家，让父母洗了再寄回来。

这些都是溺爱造成的恶果。有些妈妈因为小时候父母管教特别严厉或者生活不是很富裕，所以当她们自己有了孩子后，往往会走向另一个极端，对孩子完全放任，要什么给什么，并且认为孩子的生活比自己小时候好是理所当然的。有些妈妈出于工作等原因，不能经常陪伴孩子，内心感到愧疚，于是常常为孩子购买贵重的玩具，满足孩子的任何要求，以此弥补自己无法经常陪伴孩子的遗憾。

然而，不正确的爱只会害了孩子。教育专家有时将妈妈对孩子的溺爱称为"甜毒品",虽然表面香甜可口,但它就像毒品一样,会对孩子的成长造成不良影响。

在溺爱型教养模式中,妈妈很少为孩子建立规则,她们对孩子过度宽容放纵,并且没有节制地满足孩子的各种需求。在溺爱教养模式下成长起来的孩子,往往以自我为中心,缺乏责任感、同理心和换位思考的能力,不能明辨是非。同时由于妈妈的过度保护,这些孩子长大之后通常缺乏独立自主的能力,与同龄人相比,动手能力比较弱。加上一些妈妈对孩子物质上的过度满足,容易使孩子养成挥霍浪费、不懂节制的恶习。

年幼的孩子就像一株藤蔓,十分脆弱,需要大人无微不至的照料。与此同时,由于人格等方面的发育还未成熟,他们也需要大人成为一棵笔直的树,牵引他们朝正确的方向攀爬,这个方向其实就代表了规则。妈妈教育孩子的最终目标是让孩子能够适应未来的生活,因此在日常生活中应当教导他们学会独立生活,而不要总觉得他们这也不会那也不行。实践证明,对孩子严格要求,不但不会对孩子造成伤害,还有利于孩子的成长。

王羲之年幼时,父亲便教他习字,要求甚严,结果王羲之终成百代书圣;曾国藩严整家规,教子有方,曾氏家族大名远扬;巴顿的父亲要求他每天早上苦读,造就了一位叱咤风云的人物……这些家长并非不爱孩子,只是他们很清楚,宠溺不是正确的爱,只会带来伤害。

记住,如果你让孩子以为自己是家庭的中心,他就会以为自己是世界的中心。这也许能给孩子一个快乐幸福的童年,却给他未来的人生埋下了一颗定时炸弹。孩子终究要独立生活,为了让孩子顺利适应未来的生活,妈妈一定要从小培养其坚强自立的品格,只有这样,孩子长大后才能像雄鹰一样飞得更高,像骏马一样奔驰得更远。

阅读小贴士：

美国心理学家戴安娜·鲍姆林德根据家长对孩子需求的反应程度及是否对孩子建立规则，将家长的教养方式分为三种风格：权威式、专制式、纵容式。妈妈不妨对照一下自己属于哪一种。

1. 权威式家教：这种家长虽然会尊重孩子的观点，鼓励他们独立，但是也会对他们进行管教，限制他们的行为举止。

2. 专制式家教：这种家长对孩子有着很高的期望，但并不做什么解释，告诉孩子应该怎么做，界限在哪里，而且对孩子的需求回应也很少。他们往往会用体罚或者其他心理控制的方法来管教孩子，有时也会非常情绪化地责骂孩子，或者用一些很贬义的词，或者羞辱的方式，或者以收回爱的方式来管教孩子。他们不允许孩子质疑自己的决定，认为体罚可能是最好的教育方式。

3. 溺爱式家教：这种家长对孩子很投入，但是缺乏必要的管理；他们很喜欢孩子，并且很关注孩子的需求，但是并不要求孩子自律，规范自己的行为举止。

根据美国儿科学会，包括其他儿童健康组织得出的调研结论，权威式家长培养出来的孩子，长大后往往比较独立，而且在社交上比较成功，也能够尊重权威。

专制式家长培养出来的孩子通常缺乏安全感，所以他们可能会打破规则，或者出现违反社会规范的举止。这些孩子的自尊心比较低，处世比较消极，容易发火、好斗，在成长过程中没有内在的发展动力。同时，这些孩子在学业方面的表现并不好，和同伴相处也不太好。结果是，家长对孩子越来越失望，甚至拒绝孩子，孩子的状态也越来越差。

很多父母工作繁忙，陪伴孩子的时间不多，于是希望在物质上弥补孩子，这就很容易形成对孩子的溺爱。给孩子买的东西是最贵的，孩子上的学校是最好的，父母对孩子凡事有求必应、包办代替，使孩子失去了成长的空间，遇到问题时只会推卸责任、退缩与求助，以自我为中心，甚至铤而走险。这种溺爱是一种失去理智，直接摧残孩子身心健康的爱。

2. 学会放手，让孩子克服依赖心理

依赖心理是孩子在日常生活中比较常见的一种心理表现，主要表现为自立、自信、自主方面发展不成熟，过分依赖他人，经常需要他人的帮助和指导，遇事往往犹豫不决，缺乏自信，无法自己做出决策。

孩子依赖心理的产生与妈妈的过分照顾或过分专制有关。现在不少妈妈对孩子保护过度，一切为孩子代劳，孩子的头脑中完全没有问题、没有矛盾、没有解决问题的方法，自然时时处处依赖妈妈。对孩子过度专制的妈妈还会一味否定孩子的思想，时间一长，孩子容易形成"妈妈对，自己错"的思维模式，走上社会也觉得"别人对，自己错"。这种教育方式剥夺了孩子独立思考、独立行动、提升能力、增长经验的机会，妨碍了孩子独立性的发展。

如果不能及时纠正孩子的依赖行为任由其发展下去，孩子有可能形成依赖型人格障碍，因而可能对正常的生活、工作都无法应付，内心缺乏安全感，很容易产生焦虑、抑郁等情绪，影响身心健康。

程程已经上小学五年级了，但她还是习惯睡懒觉。每天早晨妈妈催她起床，她总是哼哼唧唧地说："让我再睡一会儿。"如果真的迟到了，她又会抱怨妈妈不把她拽起来，害得她受老师的批评。几

次过后，妈妈决定换种方式，她对程程说："上学是你自己的事情。从明天开始，你自己调好起床闹钟。如果闹钟响了你还赖着不起，我也不会去叫你，一切责任自己负！"

妈妈心里明白，程程虽然跟父母撒娇，可还是很在意自己在老师和同学心目中的形象的。果然，第二天早晨闹钟一响，程程马上跳下床来。自此以后，程程早起上学再也不用催了。

妈妈必须清楚，总有一天，孩子要成为一个自立于社会、自立于人世的个体。如果能从小培养孩子的自我管理习惯，就能够很好地增强孩子行动的独立性、目的性和计划性，对孩子今后的幸福和成功无疑有很大好处。

在克服孩子的依赖心理时，妈妈要敢于放手让孩子去经历、解决和处理问题，学会用信任、肯定、正面的话语来评价孩子，让孩子慢慢学会照顾自己。当孩子体验到了"胜任感""掌控力"，体验到了自己的力量，才会对自己有信心，逐渐摆脱对妈妈的依赖心理。

很多时候，患有"依赖病"的孩子，在众说纷纭的情况下容易迷失自己，找不到正确的方向。这个时候，妈妈应该教育孩子相信自己的判断，同时也支持孩子的决定。即便孩子的决定并不是很完美，即便孩子的决定和妈妈的截然不同，妈妈仍然应该允许孩子表达自己的想法，允许孩子坚持自己的决定。这不仅是对孩子的尊重，也是对孩子的一种鼓励。当然，在孩子做出错误决定的时候，妈妈可以表明自己的看法，如果孩子发现自己的想法错了，妈妈可以对孩子的发现表示赞赏。这样做有助于孩子慢慢学会正确地判断事物。

3. 自己的事情自己做，提高孩子的动手能力

著名教育学家陈鹤琴先生曾经说过："凡儿童自己能做的，应该由他自己做；凡儿童自己能想的，应该由他自己想。"这是一条符合教育规律的至理名言。妈妈需要做的，是在孩子遇到困难时提供帮助，而不是接手代劳，这样无助于提高孩子的独立性、动手能力和解决问题的能力。

缺乏动手能力的孩子，性格懦弱，过分依赖父母，没有独立精神，当他离开父母后，就会感到手足无措，不敢行动，也不敢负责任，这将成为他未来事业成功的一大障碍，对他的生活也会造成不良影响。

小鹏是家里唯一的男孩，从小时候起，家里人就什么都不让他做。他四五岁时，全家人还围在他身前身后不停地转：吃饭有人喂，衣服有人洗，东西有人递，真是"衣来伸手，饭来张口"。

有时小鹏也想帮忙做点事情，但通常都被阻止了。有时他看到妈妈在扫地，走过去想帮忙，但妈妈却说："很快就扫好了，你到屋里看电视去吧。"渐渐地，小鹏把这当成了一种习惯，即使大人需要帮忙，他也懒得做了。有时他在写作业，妈妈到他旁边扫地，他连脚都不抬一下；爸爸叫他帮忙拿东西，即使是举手之劳，他也懒得拿。

其实，小鹏并不是天生就懒，都是因为家人没有从小对他进行培养，把他能做的事都代劳了。

现代心理、教育、社会科学的研究表明，父母的"包办代替"恰恰忽视了孩子健康人格的教育和培养，也扼杀了孩子创造的灵性和自主发展的精神，由此培养出来的孩子依赖性强，缺乏解决问题和迎接挑战的能力，成年后仍会出现一些儿童时期才有的毛病，比如娇生惯养、任性、生活不能自理、依赖性强、出现心理倒退现象、无法适应新环境等。

邓琳是哈佛大学的博士，学习十分出色，但她从小娇生惯养，什么事都由父母安排。结果走上社会后，她很快便被挫折打倒了。因为始终找不到理想的工作，她患上了精神病。

"一切包办的孩子都没出息。"这是邓琳的妈妈反思自己的教育时所说的一句话。在邓琳的成长过程中，父母为她包办了学习以外的所有事情，导致她极其缺乏社会经验，加上从小就出类拔萃，生活可谓一帆风顺，所以她的抗压能力很差，经受不了任何挫折。

与妈妈过分叮嘱和呵护截然不同的教育方式，是重视培养孩子的自理能力和自强精神。比如在美国，父母从孩子小时候就让他们认识劳动的价值，让孩子自己动手修理、装配摩托车，到外边参加劳动。即使是家庭富裕的孩子，也要自谋生路。美国的学生有句口号："要花钱自己赚！"父母要求孩子分担割草、粉刷房屋、简单木工修理等家庭事务，还要外出当杂工，出卖体力，如夏天替人修整草坪、冬天帮别人铲雪、秋天帮人扫落叶等。

没有人生下来就会做事，所有事情都需要通过学习和尝试。孩子第一次自己吃饭，第一次独立入睡，第一次洗脸……这些在大人看来很简单的事情，对于培养孩子的独立意识和能力有着重要作用。妈妈要鼓励孩子大胆尝试，经常对孩子说："我相信你，你能行！"

当孩子遇到困难或挫折时，妈妈要鼓励和引导孩子，不要打击孩子独立的愿望或者包办代替，使孩子失去宝贵的锻炼机会。

为了增强孩子的自理能力，在孩子能自己动手做一些日常小事的时候，应该放手让孩子去做，如穿衣服、整理玩具、打扫房间、做饭等。不要怕孩子做不好，也不要因为心疼孩子而代劳。这样只会让孩子产生强烈的挫败感，对培养孩子的独立性大为不利。妈妈不妨告诉孩子做事的步骤和注意事项，孩子经过几次尝试后，自然熟能生巧。

在学校里，妈妈可以鼓励孩子主动承担一些班级工作，以增强其主人翁意识，使孩子有机会面对问题，能够独立地拿主意、想办法，增强独立的信心。

当然，孩子的独立性不是一天两天就能养成的，它是一个长期的、不断内化的过程，需要妈妈反复的强化和持之以恒的引导。当孩子掌握了某项技能或能够独立完成某件事时，妈妈要督促孩子反复练习，直至养成习惯。

阅读小贴士：

心理学研究把人分为两种类型，即内控型和外控型。内控型的人常常这样描述自己："我身上发生的事很大程度上取决于我自己做出的决定和付出的努力。当我无法改变事情的时候，我仍然可以决定以何种方式来应对。"外控型的人经常会这样说："我的快乐和痛苦不是我能决定的，这取决于别人或取决于命运。"换句话说，内控型的人相信自己，并会通过努力和负责的行动来改变自己的命运；外控型的人认为人是不能改变自己的命运与境遇的，因而他们是被他人、外界或命运摆布的弱者。

4. 尊重孩子的选择，切忌越俎代庖

孩子两三岁的时候，自我意识萌生，对于许多事情都希望自己做主，不管多么小的选择，都能给他们一种参与感，当他们自己做出选择后，他们会感觉自己受到重视，心理上会获得极大的满足感。

但在现实生活中，孩子一般很少有选择的权利，吃的、喝的、用的、玩的，包括上哪所学校，报什么兴趣班，甚至穿什么颜色的衣服，和什么样的人交朋友，妈妈都要插手安排，孩子只能被动地接受。当孩子有不满情绪时，妈妈要么用权威来压制孩子，要么对孩子说："这都是为你好，妈妈是过来人，比你懂，听妈妈的，准没错。"妈妈们就这样打着爱的旗号，无情地剥夺了孩子的选择权。

特别是孩子上高中后，部分妈妈对孩子限制得更紧了，全然不顾孩子的实际情况和感受。选择文理科时，她们会出面代替孩子做出选择；高考填报志愿时，更是不惜违背孩子的意愿选择一些自认为理想的专业，结果孩子进入大学后，对妈妈选择的专业不感兴趣而闹退学的不在少数，这时妈妈再后悔也来不及了。这样的例子比比皆是，它给妈妈们敲响了警钟：与其越俎代庖，不如给孩子充分的选择权。

瓦伦蒂娜·韦扎利5岁时，对击剑运动产生了浓厚的兴趣，但

她小时候身体十分瘦弱，似乎并不适合这项运动。然而，她铁了心要学击剑。

韦扎利的父母都不懂击剑，觉得这是一种"看不懂的玩意"，不支持女儿从事这项运动，父亲的反对尤其强烈。直到发现韦扎利天赋的启蒙教练拍着自己的胸口向韦扎利的父亲保证，韦扎利将来会站在奥运会的赛场上，韦扎利的父亲才在疑虑中同意让韦扎利学习击剑。

后来，韦扎利6次参加奥运会，拿下六金一银二铜，金牌和奖牌总数在击剑女选手中排历史第一位，即使算上男选手，也可以排到第三位。

韦扎利在世界锦标赛上的表现同样优秀：她16次拿下冠军，其中6次是个人赛冠军。可以说，21世纪的头10年，女子花剑就是韦扎利的时代。

正是因为韦扎利坚定了自己内心的选择，所以才成了举世瞩目的花剑女神。

假设韦扎利的父母没有尊重孩子的选择，那么奥运历史上便少了这位花剑女神的传奇篇章，我们也无法见证一个人关于天赋和选择的精彩人生。

是的，也许妈妈可以依靠自己的人生经验努力不让孩子跌倒，但是，这些条条框框也限制着孩子的发展，因为他失去了作为一个人最基本的权利——对自我的控制感。从本质上来说，妈妈的行为只是在满足自己的需要而不是孩子的。有太多的妈妈喜欢把孩子当作自己的一部分，而不是当作一个独立的个体。举个简单的例子，妈妈要给孩子选择金融专业，因为这个行业容易赚钱，但孩子喜欢文学要选中文系，想想看，如果出现这样的情况，身为家长的你会如何应对？

孩子的选择其实就是对自己的人生开始负责的一部分，这种负责的态度是从小培养出来的，那些独立自主的孩子，妈妈很少干涉他们的选择，更不会强加给他们自己的理念和期待。所以，当你极力要求孩子按照你选择的道路前进时，有没有认真想一想，这样做真的是为了孩子好，还是更多带有自己的期待和需求在里面？

进入社会之后，孩子必须自己决定从事的行业，自己创业还是加入公司……每一天都面临选择，这就需要孩子具备独立性、责任感、选择能力、判断力。如果他只会等着别人来帮他做决定或者做事情，那他必然不会受到别人的重视，也不可能取得成功。

那么，在生活中，妈妈应该如何尊重以及培养孩子自主选择的好习惯呢？

古希腊哲学家苏格拉底有句名言："认识你自己！"很多时候，人们面临选择时往往不知道自己到底该做什么，如果孩子也有这种疑问，妈妈要帮助他发现自己，认识自己。

对于孩子的选择，妈妈可以引导但不要规划。孩子出生后，对于他上哪个幼儿园、哪所小学，考哪个大学、学什么专业，直到未来的职业选择、择偶标准，妈妈似乎都放心不下，努力为孩子做好万全准备，唯恐有所疏漏。然而，妈妈能为孩子规划一辈子吗？不要说一辈子，妈妈能设想10年甚至20年后孩子的样子吗？谁又能预知未来？正因为他们是孩子，他们有广阔的天空，有无限的可能。

当然，妈妈可能会担心，孩子没有常性，如果什么事都由着他的性子来，到底有多少事能坚持到底？其实不必担心。章子怡从小想当幼师，却阴错阳差成了演员；徐静蕾想做画家或记者，最后却成了演员、导演。少走弯路确实可以让孩子更迅速地通往成功，但即使是弯路，也属于人生必经的过程。经历过才知道，得到的也远远比失去的多。孩子自己决定自己要做的事情会在孩子内心产生强大的推动力，最终他会因此有所成就，比妈妈强加给他要好得多。

　　教育孩子的奥秘就在于妈妈坚信孩子能行。如果妈妈经常对孩子说"你能行"，对孩子表达信任和肯定，他会感到身后有一股强大的力量在支撑着自己，而这股力量将激励他做到更好。

　　假如孩子的选择真的不太恰当，妈妈可以给些提醒。孩子在选择后一旦遇到挫折，往往会产生挫败感，这时妈妈应该给予帮助。另外，不要在孩子建立理想初期就给孩子太多的压力和警示，这样做很可能会打击孩子的积极性，使孩子轻易放弃自己的理想。

5. 主动向孩子请教，让孩子体会到成就感

在固有认知中，一般是妈妈知道的永远比孩子多，到了今天却不一定，因为孩子有了各种各样的接收信息的方式，他们可以上网，可以跟朋友聊天，在接收信息方面，在接受新事物的能力方面，应该说子代比长辈更具有优势。

在有电脑的家庭里，孩子常常成为父母的老师，因为除了他们，几乎没有人可以教父母如何应付不断涌现的知识、信息和技术。美国麻省理工学院媒介实验室的研究人员为此提出"以孩子为师"，并倡议改变以往的教育理念。

在信息时代，孩子玩电脑玩得很好，上网很快，而父母却笨手笨脚的。有的孩子因为受到妈妈的教训，急了就说："你对你对都是你对，你多对啊，你还是'蛋白质'呢。"妈妈听了一头雾水："蛋白质？蛋白质不是好东西吗？"其实这是一种网络语言，其中的蛋，是笨蛋的蛋；白，是白痴的白；质，是神经质的质。

孩子不高兴时用这种话来骂妈妈，妈妈却不解其意，这就是时代的一个特点。在这样一个时代，孩子确实变得很难教育了。很多妈妈以为凭着老经验可以教育好孩子，实际上已经行不通了，孩子在一个新的环境里长大，接受了太多新的信息和观念，要做一个合

格的家长，必须努力学习，包括向孩子学习，了解一些信息，知己知彼才能百战百胜。

晚饭后，李军一直在摆弄那个坏掉的音响，可弄了半天还是没有修好。这时，儿子从房里走出来，看他的打扮似乎准备出门去玩。李军叫住他："过来帮我看看这个音响，再修不好就得换了！""爸爸，您是让我帮您修音响吗？可是我以为——真是太难以置信了！您从来都不会找我做这种事的。"

在李军略显尴尬的目光里，儿子脱下外套，蹲下来和父亲一起研究那个音响："这个导线接触不太牢固，我猜毛病就出在这上面！"李军惊讶地看着儿子，说："你怎么会懂这么多？"儿子笑道："爸爸，我不是告诉过您，我参加了学校的电器小组吗？以后家里的电器坏了，需要帮忙时您说一声就行！"

这事以后，李军发现儿子懂事多了，每次看到父母做家务，他都会礼貌地问一声需不需要帮忙，而且他还买了一些物理方面的书籍，有空就坐在房间里研究。现在儿子已经成为家里的"电器专家"，老师也反映说他现在上课变得很认真。

美国著名哲学家米德认为，当代青少年有着很强的文化反哺能力，他们能够把自己对不断变动中的社会生活的理解及不断涌现的新知识传递给自己的长辈。而在孩子身上，的确有很多值得妈妈学习的地方。

比如在电脑、电视机、手机乃至微波炉、空调等各式各样的新事物面前，妈妈的知识和动手能力都远远落后于孩子。再如一些美德，可能孩子都知道，妈妈却不以为然。比如，随手乱扔垃圾、插队、占小便宜等行为，在孩子简单干净的世界里是没有这些的，他可能会对这些行为产生怀疑，也会根据他头脑中的判断表达自己的不满，并且会对自己认定的原则有所坚持。这就是孩子金子般的品质与纯洁的内心,他的简单与善良,同样值得妈妈学习。

  现代教育是父母与孩子相互影响、共同成长的教育。向孩子学习是成年人真正成熟与睿智的标志。需要注意,向孩子学习不是为了哄他开心,所以不要随便找理由让孩子来教我们。孩子小的时候,妈妈可以为了强化他对某些知识的记忆而鼓励他当小老师,但是等孩子长大、上学以后,妈妈应该尊重他的成长,向孩子求教时,一定是真的想从孩子那里学习某些知识,然后虚心询问,认真学习。比如,妈妈可以这样说:"儿子,妈妈不知道这里应该怎么做,你能过来教教我吗?"这样孩子可以听出妈妈对他的尊重和信任,也能体会到妈妈认真学习的态度。

  向孩子求教只是单纯地想要了解我们不知道的东西,所以别想着借机教育孩子什么,更不要从最初的求教变成最后的说教甚至吼叫。问题研究完了、探讨完了,这一页就可以翻过去了,最好的结束语只有两个字,那就是"谢谢"。

阅读小贴士:

  有人说,成年人的大脑已经定型了,再学什么东西都没用了。必须承认,在有些领域确实如此。孩子的大脑比成年人的大脑有更强的适应能力,因此,年龄越小,训练产生的影响也越大。

  科学家发现,成年钢琴家大脑的某些区域通常拥有更多的脑白质,这种差别完全是由他们在儿童时期经常练习钢琴导致的。越早开始练钢琴,长大以后脑白质也就越多。尽管我们也可以在成年之后再开始学弹钢琴,但与儿童时期开始学习相比,大脑中不会产生更多的脑白质。

  不过,美国的一些科学家经过大量实验证明,在很多领域,即使成年后再开始练习,只要方法得当,也完全可以达到相当的高度。最重要的是,成年人的大脑也会因为刻意练习而发生物理变化。

6. 培养孩子的抗挫折能力，做生活的强者

在对待挫折时，与外国的父母相比，中国的父母显得太过小心翼翼，他们给缺少生活经验的孩子准备好了一切，生怕孩子受到挫折。然而，父母能一辈子这样照顾孩子吗？孩子在成长的过程中总会碰到各种各样的挫折，到那时脆弱的孩子要怎样才能渡过难关？因此，妈妈要鼓励孩子从小就勇敢地面对挫折，成为生活中的强者。

8岁时奇奇就跳级上了四年级，在学习上，他表现得并不比同班同学差，但有一次参加学校的运动会，他在短跑比赛中得了最后一名。奇奇从来没有遇到过这样的挫败，即使已经过去了很长时间，他仍然没有从失意的状态中走出来。

妈妈看在眼里，决定找机会和奇奇聊聊。这天吃完晚饭，妈妈关心地问道："奇奇，还在为运动会的事情难过吗？"

奇奇沮丧地说："是啊，我居然得了最后一名，太丢脸了。"

"你有没有想过这是为什么呢？"妈妈分析道，"你比参赛的其他同学都要小，他们长得比你高，腿也比你的长。我问过体育老师，他说你是同龄孩子中跑得最快的，姿势也很标准。妈妈相信，等你到了他们同样的年纪，一定会跑得比他们快。"

在妈妈的劝导下，奇奇终于从失意中走了出来。

北京市有关部门曾对 10 所重点中学进行了一次问卷调查,在"你的弱点"一题中,有 60% 的学生认为自己"缺乏毅力,不能自我调适感情,经不起挫折"。由此看来,随着学习压力和竞争的增加,孩子抗挫折能力较差的问题亟待解决。

心理学家认为,对待挫折的良好心态是从童年和青少年时期不断遭受挫折和解决困难的经历中培养而来的。

仅仅经历挫折不一定有利于孩子成长,但帮助引导孩子从挫折中恢复,让他体会到自己有足够的能力战胜挫折,克服困难,这才是扎扎实实的挫折教育。

比如,孩子因为玩具玩不好而受挫,妈妈可以演示给孩子看如何玩;孩子因为玩具被其他孩子抢了而受挫,妈妈可以通过角色扮演让孩子学会下次对别人说:"这是我的玩具!"孩子因为成绩不好而受挫,妈妈可以帮助孩子分析原因,制定学习计划。

同时,妈妈还要避免在挫折教育中易犯的两个错误:一是没有帮孩子总结失败的原因,从中吸取教训;二是把自己的想法强加给孩子,不让孩子自己做主。

正确的做法是,在孩子遇到挫折的时候,及时对他进行心理疏导,针对不同情况适当教授孩子一些方法,让他学会调节自己的心理。

有的孩子在遭受挫折后,将苦恼放在心里,待在房里不愿见人,时间长了,将对孩子的身心健康造成不利影响。这时,妈妈可以引导孩子转移注意力,消除其挫败感,比如陪他外出游玩、一起看场电影或者谈论他喜欢的明星。还可以采用适当的方式让孩子将苦闷的心情发泄出来。比如用交谈或书信的方式提醒孩子,他可以向亲人、老师和朋友倾吐内心压抑的感情,取得别人的理解和帮助,以缓解心理压力;也可以鼓励孩子通过日记来宣泄心中的不快,从而稳定情绪，理清思路，保持心理健康。

当孩子的情绪稳定后，妈妈要和孩子一起从客观、主观、目标、环境、条件等方面冷静分析受挫的原因，总结经验教训，找出失败的症结所在，必要时可以帮助孩子一步步地实现目标，让孩子体会只有战胜了困难才能前进一步，而进步、达标的过程就是不断克服困难的过程。平时妈妈要善于观察孩子的活动，把握其发展趋势，如果孩子几经尝试均告失败，应及时给予帮助。

为孩子创造与同龄人交往的机会，也有助于孩子提高抗挫折的能力。与同伴交往可以使孩子发现与自己不同的观点，从而更好地认识自己、认识他人，改变以自我为中心的心理。在群体中，孩子往往会经历一些挫折，如与他人观点不一致、屈居于被领导的地位等，这将使他在不断的磨炼中学会如何与人友好相处及合作，从而更好地在同伴中维持自己的地位。这种磨炼有助于提高孩子的耐挫力。另一方面，同伴之间的相互交流和学习，也能够帮助孩子更好地克服困难、解决问题。

阅读小贴士：

美国心理学家曾经进行过一项为期30年的实验，对1000名智力超常的儿童进行跟踪调查，结果发现，这些智力相近的儿童后来的成就有着很大的差别，有的举世闻名，有的则平庸无奇。这个实验又对20%最有成就的对象和20%最平庸的对象进行了研究，发现他们之间最显著的差别在于性格特征上的不同：前者意志坚强、自信、有进取心，遇到困难不屈不挠；后者缺乏远大的理想，缺乏毅力和进取精神，自身的潜力无法充分发挥。

第九章　停止吼叫，培养孩子的金钱意识
——对金钱要"取之有道，用之有度"

调查显示，64%的孩子不知道父母是怎么赚钱的，也不知道父母赚钱的辛苦。所以，妈妈要从小帮助孩子树立正确的金钱观，告诉他们对于金钱要"取之有道，用之有度"。

1. 引导孩子树立正确的价值观

随着经济发展，中国家庭的经济条件也逐渐提高，这本不是什么坏事。问题是，金钱多了，物质丰富了，对孩子的金钱教育却没有跟上。一位学者说，金钱是把双刃剑，关键就在于用它做有益的事还是有害的事。

当妈妈们以物质刺激为手段，引导孩子实现成长目标的时候，却不曾想到，缺乏辨别能力的孩子，正悄然经历着一场心态上的变化。

所谓"父母是孩子的榜样"，指的正是孩子缺乏独立的判断能力，总是趋向于模仿父母的行为，尤其是在生活方式上。没有哪个孩子天生不喜欢奢侈，也没有哪个孩子愿意降低自己的物质生活水平，所有孩子都渴望获得新衣美食。那种从物质享受中获得的快感，是最为直接而有力的。

林艳给刚上初中的女儿配了一部手机，没想到母女俩却多次因为这部手机发生争执。原来，女儿认为用国产手机很没面子，在同学前面抬不起头来。在她的班级里，很多同学都用苹果手机。

林艳发现，比起自己的苦口婆心和学校老师的说教，孩子更容易受到同伴的影响。"如果班里的很多同学都不缺零花钱、吃穿用度都讲究品质，我又如何教导女儿成为一个懂得量入为出、追求自我完善的人。"她更纠结的不是该不该买个"苹果"，而是一种教育方式的调整。她一向认为，不管家境如何，女孩子最忌爱慕虚荣，"一旦性格上有这个弱点，以后就容易受骗上当"。但现在她也不得不考虑同事给她的忠告：女孩子要适当"富养"，管得太紧，更容易滋生对物质和财富的贪恋，容易走向歧途。但是，如果要"富养"孩子，要达到什么程度才算富养呢？

林艳的困境，其实在当代父母中非常普遍。当金钱至上逐渐成为很多人的处事准则时，家庭和学校教育要如何建筑高高的围墙，让孩子接受"非淡泊无以明志，非宁静无以致远"的古训，不至于成为物质和金钱的奴隶呢？

用金钱毁掉一个孩子容易，在纸醉金迷的世界中塑造孩子不为金钱所动的性格很难。这就更需要妈妈有正确的金钱观和科学教育孩子的方法。

培养孩子正确的金钱观，妈妈首先要端正自己的态度。拜金很容易助长孩子的虚荣和投机取巧的心理。真正有思想的妈妈，不拜金、不仇富，即便家里再富有，也不会在孩子面前肆意摆阔，更不会甘当孩子无限额的"提款机"。

对于孩子想买的东西，妈妈应该先衡量东西的性价比以及孩子使用的必要性，告诉孩子"我不可能给你买所有你想要的东西，所以你只能选择最重要的"。如果确实对孩子学习成长有帮助，可以考虑买给孩子，同时教会孩子保护和珍惜物品。

由于年龄、心智、阅历等方面的限制，孩子难免陷入金钱至上、享乐为先的误区。在培养孩子的金钱观时，妈妈要告诉孩子金钱的用途虽然广泛，但也有局限性，钱并不是万能的。很多东西不是金钱可以买到的，比如幸福的生活。

此外，妈妈可以从古代"精忠报国""孔融让梨""不食嗟来之食""舍生取义"等故事中挖掘养分，和孩子一同体会中华民族的传统美德；用刘胡兰、黄继光、雷锋、钱学森等英雄人物的事迹，引导孩子主动学习英雄人物勇于奉献的精神；以社会流行的最美教师张丽莉等热点事件为题材，跟孩子分析其中的真善美，在抨击丑恶、赞扬美好的过程中使孩子的心灵得到洗涤。

阅读小贴士：

现代社会经济的发展使得人们对物质的欲望大大膨胀，拜金主义影响了一代人。我们经常可以听到父母这样教育孩子："不努力学习，找不到好工作，将来吃都吃不饱。""你看某某某，名牌大学毕业，现在都拿几十万年薪了。"耳濡目染下，孩子拜金也是很自然的事情。而金钱至上的观念，正在夺走孩子的幸福感！

根据一项针对大学生的调查显示，在对幸福的理解中，一致性最高的前5个标准是：家庭幸福（95%）、自己和家人身体健康（90%）、事业成功（75%）、有知心朋友（85%）、能和自己爱的人生活在一起（70%）。可见，大多数学生对幸福的理解是积极向上的。

在影响幸福感的主要因素中，主要是学习压力（90%）、人际关系（60%）、心理问题（40%）、就业压力（75%）。

学习压力与就业压力排在影响学生幸福感的前两位，这跟学校、家庭教育的影响是分不开的，造成这种压力的原因是应试教育和金钱观。

2. 对孩子攀比之心的有效引导

人生活在各种群体中，很自然地会将自己和周围的人进行比较。孩子渐渐长大后，开始用自己的眼睛观察生活，难免会有一些迷茫，一旦看到别人拥有某样自己没有的东西或在某方面超过了自己，就会想自己也拥有那样东西或超过别人。他们想和其他同学一样拥有手机、名牌服装，以获得认同感和优越感；他们担心受到排斥，想和同学拥有更多的共同话题，这些都是可以理解的。在不断追随周围人的脚步中，孩子渐渐产生了攀比心理。

祥祥原来是个朴素的孩子，上初中后，因为结识了几个有钱人家的朋友，她竟然变得虚荣起来了。在穿着打扮和零花钱等方面，她常常和那些富裕的孩子比，并且流露出愧不如人的自卑。这让妈妈感到很心酸，同时也很担心，一方面为自己没有能力给孩子提供更好的生活而内疚，另一方面也担心这种不切实际的攀比会压垮孩子，扭曲孩子的心灵。

由于不太了解个人需要的满足是要受一定条件制约的，孩子往往通过学习模仿对象提出各种要求，比如别人有了漂亮的书包、文具、衣服、玩具，他也想要。有的妈妈本身很要强或是家中经济不太宽裕，但又怕孩子受人欺侮，让人瞧不起，当孩子说某某有什么东西时,妈妈便迫不及待地给孩子也买一份,哪怕自己再苦再累也在所不惜,这也是导致孩子产生攀比心理的一个重要原因。

孩子没有足够的赚钱能力,花父母的钱情有可原,但也不能因为父母疼爱自己而养成肆意挥霍的坏习惯。而妈妈心疼孩子,也要讲究方法,妈妈应该引导孩子往健康向上、有助成长的方向去比较。比如,看跑步谁能坚持更久,看写字谁更工整,看家务活谁做得更好,看谁能解答某个难题,等等。

想让孩子长大后在复杂的社会环境中有自信、有尊严地生活,并且勇于追求自己的人生目标,妈妈要先做好榜样,活出健康的状态。因为父母就是土壤,孩子就是种子,只有好的土壤才能滋养出好的植物。

小然是个小学五年级的学生,经常和同学进行四驱车比赛,但他总是输。后来,他发现自己的车之所以比不上别人,是因为车是在小摊上低价买来的,没有别人的高级。当他向爸爸提出要买新车时,爸爸说:"你这么喜欢车啊,我也想知道这四驱车内部是什么样子的。"于是,父子俩小心地将车拆开……这以后,小然经常查阅资料,一心想自己组装新车,再后来,他在爸爸的支持下参加了学校的航模小组。

案例中,爸爸的做法是比较机智的,他巧妙激起了孩子的好奇心,使孩子的攀比心慢慢被科技兴趣所替代,形成了学习和探究的动力。

由此可见,对于孩子的攀比心理父母一定要给予积极的引导,不仅能避免孩子的攀比心理发展为虚荣心,而且可以将孩子的攀比心理转变为一种上进心。当然,在引导的过程中,妈妈一定要有足够的耐心。

首先,妈妈需要扪心自问,自己日常的行为、心态是否影响了孩子;是否会不经意地说别人家(经济)怎么样;是否会因为看到孩子渴望的眼神而完全忘记了自己的准则;是否总是指责自己的孩子,夸奖别人家的孩子……有人说:"父母是原件,家庭是复印机,孩子是复印件。"这对教育来讲虽然有些片面,但也如实地反映了孩子出现一些问题的深层原因。

当孩子出现攀比心理时，妈妈不要过多指责，或者采取不正当的方式去引导孩子，这样只会加重孩子的心理负担。可以让孩子参与劳动，明白挣钱的不易，或者让孩子去体验一下比较艰苦的生活，慢慢树立正确的金钱观。

对于孩子因攀比心理而提出的不合理要求，妈妈应该坚决拒绝，让孩子了解东西的性价比，知道东西实用就好，而不是盲目追求高品质、高价位。有些妈妈出于疼爱孩子的心理，认为别的孩子有的，自己的孩子也要有。这容易让孩子产生错误的认识，以为别人有的东西自己也应该有，无形中产生攀比念头。为了杜绝这一点，当孩子基于攀比心理而提出不合理要求时，妈妈一定要讲明原因，坚决回绝，切忌因为孩子哭闹而心软。

从积极的方面来看，孩子有攀比意识说明他存在竞争心理，妈妈可以引导孩子将攀比的焦点放在个人品质、学习能力、良好习惯上，激发孩子的上进心，促进孩子全面发展。此外，妈妈不妨鼓励孩子通过自己的努力或劳动来获得想要的东西，让孩子切身体会满足欲望需要付出的代价。

阅读小贴士：

一般来说，孩子3岁以后的自我评价会发生质的改变。3岁以前，孩子主要通过内部精神来达到心理满足（比如自己行为的进步、父母的陪伴和认可）；3岁以后，孩子会发展到需要通过外部物质来达到心理满足，并且意识到可以通过物质比较来确认自己的价值。这种发展随着孩子进入幼儿园会加速。所以，孩子大约从三四岁开始，会在幼儿园或者一个比较固定的小团体中产生攀比心理。

3. 让孩子体验金钱的来之不易

日本有句教育名言:"除了阳光和空气是自然的赐予,其他都要通过劳动获得。"与物质贫乏的过去相比,孩子的身高、体重都大大超越从前。他们懂的知识相对更多,而且熟知人情世故,一旦自己有什么需求,想向父母索要更多零用钱时,立刻变得伶牙俐齿。

然而,由于缺乏生活经验,很多孩子往往不知道父母的钱是从哪里来的,以为父母挣钱很容易。有专家曾对小学生做过一个调查,研究发现,只有20%的孩子知道钱是父母辛辛苦苦挣来的,有的孩子还以为钱是直接从父母的钱袋里拿出来的。这就导致很多孩子花钱不知道节制。他们认为,只要父母愿意就会把兜里的钱掏给自己。这一代的孩子对钱有着如此被动、消极的理解,就是因为大人从来没有告诉他们钱从何而来,而且在没有教孩子如何赚钱之前,就先让他们学会了花钱。

有的妈妈可能认为,家人之间谈钱很伤感情,而且会让孩子变得唯利是图,眼里只有钱。这样的情况确实会发生,所以需要妈妈的正确引导,将重点放在劳动的价值和正确的导向上。

有段时间,妈妈发现小杰总是闷闷不乐,一回到家就躲进房间里,基本不跟家人说话。这天晚饭后,妈妈把小杰叫到客厅,温和地对他说:"小杰,你最近有什么心事吗?能不能告诉妈妈,也许妈妈能帮你解决。你这样闷闷不乐,妈妈也觉得没什么心情了。"在妈妈的劝导下,小杰终于开口了,他说:"妈妈,为什么我的同学每天都有很多零花钱,而我有时一分也没有,同学们都取笑我,说你们不爱我……"

妈妈心里绷紧的弦放松了一些,和爸爸商量后,她决定让小杰体验一下父母的生活。妈妈开了家小超市,周末一大早,她就把小杰叫醒,对他说:"妈妈今天身体不舒服,你能帮妈妈看下店吗?"小杰满口答应下来。中午,小杰一脸疲惫地回到家,对妈妈说:"我快累坏了!我一到店里,又要摆货品,又要搞卫生,还要接待客人。"妈妈适时表扬道:"辛苦你啦,明天妈妈正好有点事要办,还是由你来照看店里的事情吧。"小杰听了哭丧着脸,但妈妈故意装作没看见。

这以后,每到周末,妈妈都努力制造机会让小杰去超市帮忙。有一次,小杰高兴地说:"妈妈,大家都夸我很能干,说我是个小大人!"说完,小杰又问道:"妈妈,平时你每天都是那么辛苦吗?"妈妈笑道:"你说呢?"看来计划成功了,小杰知道了挣钱的不易。从此,小杰懂事了许多,不再因为零花钱的问题而闹脾气了,这让妈妈感到非常欣慰。

孩子不是天生就懂得体恤父母的,他们只有切切实实地感受到父母的艰辛和苦难后,才会对父母心生感激,进而严格要求自己,不辜负父母的一片苦心。

建议妈妈在教育孩子的时候要告诉孩子自己的工作是什么,每个月的工资是多少,让孩子明白家里的钱来之不易,孩子懂得这个道理以后,就不会乱花钱了。在美国,每年4月父母都会抽出一天时间带孩子到自己工作的地方,让他体验父母辛勤劳动的情景,唤起孩子对父母的感激，明白劳动的价值。

当父母遇到一些困难，如失业下岗，生活难以保障时，有的妈妈担心因为家庭生活困难会导致孩子自卑，于是宁肯自己吃得差一些，不买衣服，也要给孩子吃好的、穿好的，甚至担心孩子的自尊心受不了，想方设法不让孩子知道家里的真实情况。其实，妈妈应该从小就把孩子视为家庭中的重要一员，从孩子入学起，就让他了解家庭的真实情况，明确自己在家庭中的责任和义务，学会为家庭做出自己的贡献。

为了让孩子对金钱有所认识，妈妈在购物时应尽量使用现金付账。现在手机支付、银行卡支付越来越发达，很多时候为了方便，人们都不愿意拿出钱包用纸币来购买商品。你是不是也有过这样的感觉，刷卡买东西特别痛快，但不知不觉中信用卡就刷爆了？其实不止你这样，当你带着孩子去购物，他发现你在收银员那里拿着手机比画一下，就可以拎着一袋好吃的东西回家，他就完全意识不到金钱在买卖过程中所起的作用。正确的做法是：在孩子认识数字后，开始教孩子认识金钱，并且了解金钱的大小关系。在带着孩子购物的时候，尽量使用纸币进行交易，并试着让孩子去完成这个交易过程，使他对不同物品的价值有一个相对清晰的概念。

妈妈还可以给孩子一些机会，让他去买菜、交电费等，让他知道家里的钱是怎么花出去的，父母每个月都需要支付哪些开支。当他了解家庭的真实经济状况后，才能学会节俭，在购物时理性地考虑自己的需求。

4. "穷养"孩子，重点在于养而不是穷

当下的中国有一个很可怕的现象——"全民富养"：富人家"富养"孩子，穷人家也"富养"孩子。

"穷人的孩子早当家"，这句话放在过去的确是成立的。但是现在，一些经济并不宽裕的家庭，觉得亏欠了孩子，担心孩子被其他孩子比下去，产生自卑心理，反而更加娇惯、宠溺孩子。大多数孩子过着一种极其享受的生活，热了有空调，冷了有暖气，零食、新衣服更是不在话下。

妈妈恨不得把全世界所有的好东西和所有的爱都给孩子，却忘了告诉孩子一件事：生活的艰辛是难以想象的。

对于孩子来说，妈妈过度的呵护无疑是一剂"毒药"。孩子心安理得地享受着一切，不知足，不知道感恩，不知道体贴父母，不知道生活的不容易，相反还滋生了虚荣、懒惰、不学无术的坏毛病。

美国前总统西奥多·罗斯福的大儿子20岁时去欧洲旅行，在一个多月的时间里，他几乎花光了自己所带的钱。快回家时，他遇到了一匹非常好的马，正好它的主人要卖掉它，他太爱这匹马了，就把自己剩下的一点路费拿出来买下了这匹马，然后打电报让父亲寄点路费让他回家。罗斯福给他回了一封电报说："你和你的马游泳回

来吧!"儿子只好又卖掉了马。罗斯福反对孩子依靠父母生活,希望儿子能凭自己的本事自食其力。

罗斯福总统训练儿子独立的方法可以称为"穷养"。无独有偶,微软创始人比尔·盖茨富可敌国,不断向社会施以巨额捐款,但他对孩子极为"吝啬",他公开宣称:"我不会给继承人留下很多金钱,因为这对他们没有好处。"世界最大的连锁零售商沃尔玛的创始人山姆·沃尔顿写过一本自传《美国制造》,他在书中这样警告后代:"子孙当中有谁要是胆敢玩弄纨绔子弟的那类奢侈品,我到地狱里也要起诉他。"

当然,妈妈可能会担心,在别的孩子要什么有什么时,却要求自己的孩子勤俭节约,会不会让孩子感到变得自卑、压抑,影响其健康成长?

实际上,要求孩子勤俭节约,不是说妈妈要像祥林嫂那样,天天向孩子诉苦,抱怨"我们很穷,买不起东西",唠叨"我每天起早贪黑,还不是为了你?你如果不成才,还有脸见父母吗?"这么做会把贫穷感和自卑感深深植入到孩子心中,难以拔除。

小枫生于一个不太富裕的家庭,父母经常因为钱而发生争吵,妈妈责怪爸爸不争气,爸爸嫌弃妈妈不知道节俭。他们经常告诉小枫,我们家穷,这个东西很贵,那个东西不值,还经常在家抱怨上班赚钱不容易。长大之后,小枫特别喜欢买东西,只要店员说一句,这个很流行,很多人都买了,她就一定要买回家。但她买了又舍不得用,堆了一屋子的衣服、鞋子、包包,每天仍然穿得十分普通。

从心理学来说,童年时期的亲子关系会内化为孩子的内在关系模式,从而决定孩子一生的性格和命运。妈妈传递给孩子的能量如果一开始就是匮乏和沉重的,那么孩子长大之后也没有办法达到物质和心态上的富足与丰盛。如果让孩子带着匮乏感长大,那么在进入社会后，孩子也容易体验到匮乏和沉重，比如不相信自己配得上好工作，即使挣到钱也无法轻松享受，一给自己花钱就觉得愧疚，同时容易过度囤积东西，造成更大的浪费。

妈妈要明白，穷养的重点在于养，而不是穷，单纯让孩子受苦。所谓养，指的是教育，如果仅仅是物质上的限制，而没有对孩子眼界的培养以及品质的教育，是很可怕的。在给孩子创造比较朴素的环境时，妈妈一定要告诉孩子，世界上还有很多很奢侈的地方，你有资格也有潜力得到，并且你应该去了解。但我们不会平白无故地给你，别人有那是别人的，你应该努力学习努力工作，靠自己的力量去争取。

穷养也不是对孩子不舍得花钱，而是要把钱花在真正该花的地方，在教育和增长见识方面的钱不能省。具体来说，在穷养孩子时，妈妈首先不要对孩子隐瞒家庭现状。即使家庭经济困难，也不必因此对孩子心怀愧疚，因为父母已经给了他生命，这是最好的礼物。没有必要对孩子隐瞒家庭现状，要让孩子明白父母在为生活辛苦奔波，父母是积极的，而孩子作为家庭中的一员，有责任也有义务为家庭贡献自己的力量，和父母一起创造美好的生活。

有的妈妈自己曾经遭受穷苦，便不想让孩子再经历，于是单方面地死撑着。其实，许多穷苦人家的孩子，在不得不挑起家庭的重担，不得不为个人前途而艰苦奋斗时，成长得更好。

如果家庭经济条件允许，大人也愿意满足孩子，那就轻松愉快地去满足孩子，多多益善，不要在满足孩子的同时又强调一堆挣钱不易的道理。如果没有这个经济能力，或者不想惯坏孩子，就直接告诉孩子，父母暂时没有能力满足他的欲求，但他可以通过自己的努力去得到这个东西。

即使是经济状况良好的家庭，也可以刻意制造一些机会让孩子去吃点苦。比如让孩子吃粗糙的饭菜,让他忍饥挨渴;让他独自背着沉重的包去参加夏令营,尝尝负重的滋味;假期的时候不给他零花钱,让他自己通过劳动去赚取等。有了对比,孩子就会珍惜现有的生活,也会珍惜父母辛苦工作赚回的钱。

为了让孩子养成节俭的习惯,妈妈可以带孩子去超市、商场、菜市场购物,让孩子看看如何选购商品,如何货比三家,如何量入为出,如何计算性价比,如何控制购物冲动,并随时给孩子指点诀窍。此外,要鼓励孩子对物品重复利用,不要随用随扔,以减少浪费;将零花钱存入银行,不要随便花掉;尽量在家做饭,减少在外就餐。有时间的话,妈妈还可以让孩子算一算在家吃饭比在外面吃饭可以节省多少钱,这可以让孩子更清楚地知道两者的差距,提高节俭意识,并且锻炼计算能力。

阅读小贴士:

现代社会"啃老族"的出现,让人不禁联想到中国的那句老话——"富不过三代"。"富不过三代"的背后到底隐藏着什么含义呢?中国台湾"塑胶大王"王永庆给出了答案。

王永庆认为,"富不过三代"是因为后代不能继续吃苦,缺乏危机感,而且过分追求享乐,把前人的家业都挥霍掉了。他分析三代人的特征后得出结论:

第一代人不怕困难,不怕吃苦,踏踏实实,克服一切困难,最后取得了成功。

第二代人虽然没有经历创业的艰辛,但深受父辈影响,还能勤于自勉,努力工作,但是跟第一代人比起来,用功和吃苦的程度已大大降低。

第三代人完全不知道创业的艰辛,他们没吃过苦,也不知道什么是吃苦,认为今天得到的一切是理所当然的,因而随意挥霍,不知珍惜,长久下去,家境自然衰败。

　　"富不过三代"的俗语告诉我们,再富也要"穷"孩子,在竞争激烈的现代社会,要让孩子知道,富裕的生活要靠自己的双手去成就,不能让孩子以为父母已经提供了一个衣食无忧的环境,自己不需要奋斗。在富裕的家庭里,不在孩子面前"露富"很重要。

5. 让孩子掌握零花钱的使用方法

英国哲学家培根曾说："如果孩子小的时候父母在金钱上过分吝啬于他，他在性格上将会变得猥琐。"的确，孩子小的时候没有学会如何使用金钱，成年后"财商"就会非常低下，难以适应经济社会的发展。为了让孩子尽早认识金钱，正确使用金钱，妈妈应该适量给孩子一些零花钱。

妈妈给孩子零花钱可能出于不同的考虑。有些富裕的家庭认为，钱是身份的标志，孩子有了钱就会在同伴们中间有威信；有些妈妈是想对自己童年的窘迫加以补偿，想当初自己连根冰棍都买不起，不希望在孩子身上重演过去的"悲剧"；更多的工薪家庭则是唯恐孩子在别人面前抬不起头来，不得不给孩子一定数目的零花钱。

还有些妈妈为了防止孩子养成乱花钱的毛病，从来不给孩子零花钱。她们认为，孩子需要什么，跟父母说就行了，需要买的自然会给他钱，不需要就不给——这样的做法，目的虽好，结果却可能让妈妈们失望。因为这种控制本身已表达了不信任，而且剥夺了孩子在消费方面的自由选择权，表现得很苛刻。童年时在金钱方面严重匮乏的人，成年后容易在金钱方面斤斤计较，过分吝啬或过分贪婪，缺少平常心。

实际上，零花钱是用来培养孩子理财观念的工具，可帮助孩子学会理财技巧。也就是说，教孩子使用零花钱是让孩子学会如何做预算、节约和做出消费决定的重要教育手段。

美国前总统奥巴马的两个女儿，必须做家务才有零用钱。奥巴马在接受访问时表示，他对女儿的管教非常严厉。孩子们能通过做家务，每个星期得到1美元的零用钱。家务包括布置餐桌，清洗碗盘，打扫自己的房间和衣柜等。奥巴马说："有一次我离家几个星期，女儿玛莉亚对我说，'嗨，你欠我10个星期零用钱啦！'"

有人指出，让孩子通过劳动获取报酬，容易导致孩子因为金钱的驱动而劳动，不给钱就不做。对此，美国教育学家建议，不要为孩子所做的每一件小事支付报酬，有些活是要付费的，有的则不用付费。付费工作不完全属于孩子自己的事情，而是为家庭所做的贡献，比如公共区域的卫生、洗车、修剪草坪等。而非付费工作则是孩子自己的事情，只为孩子自己服务的，以及一些基本的家务活，比如清洗自己的衣物、整理自己的床铺和房间、洗碗、扫地等。这些都是孩子应该做的，所以没有报酬。

另外，什么时候给零花钱，给多少，怎么给，怎么教孩子用零花钱才恰当，往往让妈妈们感到为难，不同地区不同家庭会有相当大的差异。

大多数孩子在3岁左右对金钱已经产生兴趣，随着年龄的增长，他们的兴趣会加深，提早跟孩子谈论金钱或适当运用零花钱，对孩子的成长很有帮助。零花钱可以按次支付，也可以定时支付。

至于零花钱的数额，妈妈可以参考市场行情，给孩子的零花钱与周边的同龄孩子差不多即可。妈妈最好定期给孩子发放零花钱，不能随要随给，而且不宜过多。妈妈可以和孩子协商，先了解同年、同城、同校、同年级学生的零花钱大体在什么水平，然后给孩子的零花钱维持在同年级孩子的平均水平即可。了解孩子有哪些正当的消费项目，并适当给予消费指导。在孩子不同的年龄阶段，妈妈应给予不同标准的零花钱。根据孩子的年龄可以每两年为孩子涨一次"工资"。若遇物价上涨，妈妈也可以主动给孩子涨"工资"。

孩子的自控能力建立起来后，妈妈可以适当多给些零花钱，同时扩大其"自付范围"。这样，当孩子试图购买某些特别心仪的物品时，就知道要控制一些购买计划，权衡什么东西值得买，什么东西没必要买，形成自己的判断。

零花钱的使用，理论上应由孩子全权负责，妈妈不直接干预，但要指导孩子学习如何平均分配和使用零花钱。比如，30%用于消费，30%用于短期储蓄，30%用于长期储蓄，10%奉献出来或捐赠等。以孩子周末打扫房间的工作为例，妈妈可以每次支付给他6元，其中，2元由孩子自由支配，2元由孩子决定选择作为捐赠储备，剩下的2元攒起来定期存银行。

有些孩子有了零花钱后，买东西只顾自己享用，妈妈要告诉孩子，爱是相互的，在家人、朋友之间，只有懂得分享的人才会受到欢迎。鼓励和启发孩子用部分零花钱来表达爱心，如买小礼物给家人，或将部分找零放到超市收银台边上的"希望工程募捐箱"等。

很多时候，一个月还没有结束，孩子的零花钱已经用完，对此，妈妈必须进行适当的限制，坚持"不再给"的原则，即花完之后本月便不再给零花钱，从而培养孩子的耐性，学会有计划地用钱。妈妈可以制定一套"奖赏办法"，让孩子帮忙跑跑腿、做家务，或行为表现良好等，才能得到某种程度的奖赏，使孩子明白有付出才有收获，想获得金钱应通过正当的渠道，体会到经济的来源和劳动的代价，还可以间接教导孩子"无功不受禄"的道理。

总之，零花钱的教育核心，是让孩子体会经过艰苦奋斗而获得的满足感,并学会享受和珍惜它。

阅读小贴士:

北京师范大学青少年财经素养教育研究中心曾经发布《2017年小学生压岁钱调研报告》,针对9个城市、1万余名小学生的调查数据显示,99%的小学生会收到2500~5000元不等的压岁钱,其中超过6成小学生不做压岁钱使用计划。小学生觉得钱不够用、应该花父母的钱等问题普遍存在。只有小部分人采取干家务赚钱、记账、列购物清单等实际行动,大部分父母和孩子没有方法将这些零花钱很好地利用起来。

6. 让孩子保管自己的压岁钱

春节给孩子压岁钱，是我国的传统习俗。过去压岁钱只是一种象征性的礼物，少则数元，多则数十元，主要是图个热闹、吉祥。如今，随着生活水平的提高，压岁钱的数目也是年年攀升。

当孩子收到的压岁钱过多的时候，妈妈将压岁钱全数收缴并全权代管，看似简单安全，实则容易弄巧成拙，让孩子反感。这会让孩子产生一种不被信任的感觉，引起逆反心理，还在无形中打击了他们的自信心。但把压岁钱不加管理地交给孩子处理，也是不恰当的。

钟兰小时候，每年春节收到的压岁钱都有几百元，但一过完年，这些压岁钱便被父母没收了，这使她的心情像过山车一样从顶峰落到了谷底。结婚生子后，她决定满足女儿收压岁钱的美好心愿。

现在，她的女儿每年收到的压岁钱有三四千元，她给女儿定的原则是，少的话就留一半，多的话留四成，作为平时的零花钱，可以购买自己喜欢的东西，或者请同学吃东西，但是要记账。她还定了个规矩，如果第一年零花钱开支合理的话，第二年则预留更多。这样既培养女儿的理财意识，也让女儿懂得了节约，并通过合理的节约赢得奖励，效果不错。

一般来说，对于不同年龄的孩子，其所得的压岁钱也应有不同的处理方式。

如果孩子年龄太小（小学一年级以前），多数妈妈会将压岁钱

"充公"，孩子若不情愿，妈妈要给孩子讲清楚压岁钱的来历。很多孩子不知道为什么过年会有压岁钱，甚至认为压岁钱都是自己挣来的，是长辈们应该给的。妈妈要告诉孩子，压岁钱是长辈们对孩子的爱和心意的表达，是对他们新的一年的祝福。这样孩子既懂得了压岁钱的文化内涵和社会性交往的属性，又知道了金钱的来之不易。在这个基础上，和孩子讨论如何运用这笔钱，效果会更好一些。

对于小学一年级以上的孩子，他们已经具备了一定的独立消费能力。如果妈妈把压岁钱完全"上收"，容易使孩子内心产生抗拒，而且也让孩子失去了学习独立支配金钱的机会，同时过年的快乐心情也会大打折扣，甚至有的孩子在开学后会因此在同学面前产生自卑感。对于这个年龄段的孩子，妈妈在让他理解压岁钱的真正意义的同时，还应该和孩子商量一下压岁钱分配的比例，比如多少由父母保管，多少由孩子自己支配，同时可以建议孩子把自留的压岁钱花在什么地方。

将压岁钱攒起来作为下学期的学费，也是很常见的做法。对于不大富裕的家庭，这样既可以减轻父母的经济负担，还能培养孩子的自立精神和家庭责任感。

还有一种比较常见的现象是，妈妈放任孩子自己支配压岁钱。这样压岁钱很快就会消耗殆尽，无助于孩子的健康消费观和理财观念的养成。

"授人以鱼，不如授人以渔。"大部分孩子对金钱的用途还没有足够的认识，加上自制能力差，如果妈妈不给予合理的指导，可能会产生一系列的负面影响。那么，妈妈如何教会孩子管理压岁钱呢？

首先，领孩子去银行开设一个独立账户，让孩子定期存钱，告诉孩子利息的概念，将银行储蓄的种类、利率等知识逐渐传授给孩子，这种体验式的教育能让孩子对理财的印象更加深刻。通过为孩子开设一个独立的银行账户，可以让孩子逐渐学会看懂存折，通过这个账户明白银行的功能，也有助于增强孩子对"自己账户"的责任感。同时，定期让孩子查看自己储蓄账户的金额，从中体验"积少成多"的乐趣，并养成好的消费、储蓄习惯。

有了自己的银行账户后，可以引导孩子接触一下存款以外的投资活动。除了基金，可以让孩子进行一些低风险的投资，如国债、保险等。在培养孩子理财习惯的同时，还能让孩子了解各种理财产品，较早树立理财意识。

由于家庭条件不错，小宁每年都能收到上万元压岁钱，这些年累积下来已超过了10万元。妈妈决定从小培养儿子的理财意识，她给小宁办了一张银行卡，把密码也告诉他。从小宁上幼儿园起，妈妈就告诉他，这是他自己的钱，可以通过一些理财方式进行增值，他可以从增值部分抽取20%用来购买自己喜欢的玩具和书籍。

上小学后，在妈妈的指导下，小宁渐渐懂得了通过部分定期存款、部分定期购买理财产品、部分委托父母购买股票的方式进行理财，每年平均收益率能达到8%左右。

在压岁钱的花费上，妈妈要引导孩子制定消费计划，合理消费。孩子应该把压岁钱用于购买学习用品、生活用品及发展某些健康的娱乐爱好上，比如参加各种兴趣小组、购买体育用品等。这对孩子的个性发展及兴趣爱好的培养是有帮助的，非常有益于孩子的成长。在支持孩子合理消费的同时，妈妈还应该要求孩子制定消费计划。最好能够建立一个简单的收支账本，使孩子能够理性地管理自己的钱财。当孩子想买自己心仪已久的一些贵重物品时，妈妈可以建议孩子把零花钱积攒起来买。这样，孩子就能学会合理保管金钱，为了实现自己的某个目标，尽量让钱保值增值。

妈妈还应该让孩子拿出一些钱来建立爱心基金，告诉孩子这些钱是对长辈爱心和祝福的体现，除了自己使用外，还可以买一些礼物送给长辈，表示对长辈的孝敬和热爱。当社会和有困难的人需要时，也可以拿出来进行爱心捐助。

第十章 停止吼叫,培养孩子的学习兴趣
——"学霸"是练出来的

孩子成绩不佳,对学好某门功课信心不足且有畏惧心理,这时妈妈们应该从培养孩子的学习兴趣入手,逐渐打开他们的心结,化解他们的厌学情绪,激发他们的学习热情。

1. 尊重孩子的兴趣爱好

细心的妈妈不难发现，处于幼儿期的孩子在兴趣爱好上已有了比较明显的、相对稳定的倾向性。兴趣是孩子认识世界、获取知识、发展能力的重要条件。只有当孩子发自内心地喜爱某种事物时，才会产生强烈的探索和创造的欲望，所以有人说"兴趣是培养能力的营养剂"。家庭教育的重要内容之一就是尊重孩子健康的兴趣和爱好，并为其发展创造条件。

良良从小就爱画画，上小学后，有时正上着课，他就忍不住画起画来。班主任看过他的画后，觉得他在这方面很有天赋，建议良良的父母在这方面好好培养他。但良良的父母认为学钢琴才有发展前途，才是高贵的，所以他们坚持让良良去学钢琴，还买了一架价格不菲的钢琴。良良每个周末去学钢琴时，总是很不情愿，好几次都是在妈妈的吼叫威胁下才勉强去的。

如今，良良即将升入四年级，却连一首完整的曲子也弹不成。妈妈十分后悔，认为当初让孩子去学画画才对。可是良良呢，已经对画画失去了兴趣。

生活中，很多妈妈往往会从自己的观点出发，要求孩子去练习某种特长，或者强迫孩子在一定的时间内掌握一种特长。也许妈妈的出发点是好的，但是如果孩子对此并不感兴趣，或者说他确实不具备这方面的天赋，那么妈妈的强求只会打乱孩子的兴趣和发展。尤其是在音乐、美术、舞蹈等方面，学习者往往需要过人的天赋，加上后天的练习，才有可能在这方面有所建树。如果妈妈没有认清孩子的现实情况就强迫孩子学习，会使孩子失去发挥自己才能的机会，并产生厌烦心理。曾经发生过这么一件事：有个妈妈强迫坐不住的孩子弹琴，最后孩子砸断了自己的手指以示反抗。

所以，妈妈要理智对待孩子的兴趣爱好，不要走进误区，不能逼着孩子学他不喜欢的，同时还要保护好孩子真正喜欢的。

孩子的教育是一项极具创造性的工作，因为每个孩子都是唯一且独特的。妈妈必须学会独立思考和分析，根据孩子的情况制订一套"量身定做"的教育方法。

比如，有的孩子天生敏感、疑心重，有的孩子懦弱、胆子小，有的孩子好胜心强，有的孩子虚荣心强，有的孩子非常果敢、有毅力……而性格不同的孩子，兴趣爱好也会有所不同，妈妈应该采取不同的教育方式。只有根据孩子自身的性格特点，选取恰当的教育方式，才能让孩子健康、愉快地成长。

妈妈还要善于发现孩子的兴趣爱好，首先认真地观察孩子，如果孩子对阅读、绘画、音乐、体育中的某一项活动很痴迷，那么这项活动就是他最大的爱好和兴趣。妈妈也可以询问孩子的理想、对未来的憧憬等，或许可以从中发现孩子的兴趣所在。

即使孩子的兴趣显得简单、幼稚，妈妈也不能因此无视它的存在。妈妈需要做的是，积极主动地接受孩子的兴趣，尊重孩子的兴趣，而不是把自己的兴趣强加在孩子身上。此外，妈妈还可以积极创造一定的条件和空间，鼓励孩子发展自己的兴趣。

当然，对孩子的爱好也不能听之任之，而要给予适当的引导和帮助。如果孩子因为沉浸在某个爱好中，影响了正常的学习和生活，妈妈还是应该适当进行干预，教会孩子正确对待两者之间的关系，合理安排时间，但要用孩子能够接受的方式进行，切忌简单地制止。

阅读小贴士：

家庭成员的兴趣爱好对孩子的暗示作用固然重要，但也有一些孩子兴趣爱好的形成得益于家庭中的其他因素。

上海有一位朱姓女孩，父母都是初中文化的普通工人，但她在初中时就发表了多篇小说。她对文学的兴趣跟父亲经常为她借阅、购买文学作品，带她外出参观、访问、游览等有关。

有位初中生本来认为邮票不过是一些五颜六色的图片，后来父亲有意识地带他到一位集邮爱好者家中，请友人展示自己珍藏的邮票，讲解邮票上的知识，讨论集邮的乐趣。一次次串门，一次次大开眼界，使他与邮票结下了不解之缘。

类似的例子还有很多，除了医学世家、教育世家……诸如此类的书香门第，是一种直接的文化传承，藏书、故事讲述、信息交流评价、观察、实践等文化氛围的间接暗示，也常常将孩子的好奇心转变为兴趣、志趣。

2. 给孩子设定一个合理的学习目标

妈妈期望孩子早日成才、出类拔萃，这种心情本来是合理的，但任何事物都应该把握好一个尺度，根据实际情况采取科学的方法，千万不能在教育孩子的过程中怀着不切实际的期望，最终走向极端。很多妈妈总是用成人的心态和眼光来看待孩子，对孩子的能力发展、情绪状态、心智方面估计过高，不能清醒地认识现实，久而久之使自己的行为成了一种惯性和教条，给孩子造成巨大的精神压力，甚至导致孩子心态失衡，走上极端。

小希明年就要小升初了，他学习成绩中等，属于那种加把劲就可以升入理想初中的孩子。妈妈很着急，担心他无法考出理想的成绩，于是"饥不择食"地为他报了很多辅导班。

每天放学后，小希要先学一个小时的数学，再培训两个小时的英语，回家吃过饭后马上就要写作业，像陀螺一样忙个不停。终于有一天，小希无法承受如此沉重的学习压力，病倒了，妈妈这才意识到应该给孩子充分的休息时间。

小希出院后，妈妈不再强求他去培训班，而是给他充分的自由，结果小希的成绩反而有了很大提高。

在高期望值的支配下，妈妈评判孩子好坏的标准往往会严重失衡，孩子教育的成败也多以考试分数或要求孩子所学特长的成效来衡量。这实际上是妈妈自己背上的一个错误而沉重的包袱。因此，妈妈在教育孩子时，应该注意给孩子减负而不是加压，不要以为孩子只有在巨大的压力下才会出人头地。降低你的期望，为孩子减去过重的负担，才能让孩子轻松自如地前行。

对孩子来说，学习的乐趣在于学习活动本身。如果孩子的兴趣是由学习活动本身引起的，他就能持之以恒地学下去。孔子言："知之者不如好之者，好之者不如乐之者。"这实际上道出了学习的三个境界。追求学习的外在目的很可能将学习的境界局限在"知之"这一层次，孩子只能处于被动的、简单的应答阶段，无从谈起创造性，也毫无快乐可言。

教育心理学家认为，对孩子提出恰当的期待和要求，才能产生良好的"期待效应"。所以，妈妈要选择适合孩子年龄阶段的教育，也就是说不能施加超出孩子的年龄所能承受的最大压力于孩子身上。过早地、高强度地开发孩子的潜能，可能一时换来了孩子某种超常的才能，却可能牺牲孩子一生的幸福。一旦孩子没有达到妈妈的要求，不仅妈妈会失望，孩子也可能会失去学习的兴趣。

和孩子一起制订学习目标时，妈妈要听听亲友们的看法，更要和老师交流孩子的在校情况。在孩子还缺乏目标的情况下，可以先从设定容易达成的小目标开始。比如孩子想学跆拳道，妈妈可以和孩子设定现阶段所要达成的目标。比如，可以是维持无级的白带入门，也可以是向前挺进九级白黄带、八级黄带、七级黄绿带。当然，短期与长期的目标可以依序设定为六级绿带、五级绿蓝带、四级蓝带、三级红蓝带、二级红带和一级红黑带等。

在制定学习目标时，还要考虑孩子的自身优势。这些优势包括学业、特殊才艺或运动技能，还包括领导能力、协调能力、行动能力或合作能力等。妈妈可以引导孩子以这些优势为基础，设定自己的目标。比如孩子热爱手工纸艺，而且也很擅长，无论是剪纸、折纸、卷纸、手工卡片，还是用瓦楞纸做各种创意造型，孩子都很在行。这时，妈妈可以因势利导，让孩子通过自己的创作去体验学习的美好过程、完成作品时的成就感，以及与他人分享的暖暖心意。

当孩子取得进步后，妈妈应该感到高兴，并对孩子进行表扬。不过，不少妈妈总是以大人的标准去要求孩子，使孩子很多时候难以达到妈妈的要求；还有的妈妈担心表扬孩子会让孩子产生骄傲情绪，其实大可不必担心，将表扬做到适可而止就好了。

阅读小贴士：

哈佛大学的研究人员曾经做过一个长达10年的追踪调查。

毕业时，哈佛大学MBA专业的学生被问及这样的问题："你是否有明确的生活目标并把它写下来了？你是否已经制订好了计划去实现它？"

接受调查时，这些MBA毕业生的智力、学历、环境等条件都差不多。调查结果显示，只有3%的毕业生有清晰的目标并把它写了下来，13%的毕业生有目标却没有写下来；其余84%的人除了打算离开学校后痛快地过个暑假以外，什么目标也没有。

10年以后，研究人员又找到了当年接受调查的学生，他们惊讶地发现：当初那13%制订了目标但没有写下来的毕业生挣的钱，是那些没有目标的84%毕业生的两倍。最令人惊奇的是，当初那些目标明确，而且把目标写下来的3%毕业生，他们挣的钱是其余97%毕业生的10倍。10年来，他们始终朝着同一个方向不懈地努力；10年后，他们几乎都成了社会各界顶尖的成功人士，其中不乏白手创业者、行业领袖、社会精英。

由此可见，不管是小孩还是大人，目标对每个人都很重要！

3. 解决孩子学习拖拉的问题

拖拉的孩子通常不快乐而且不自信。而凡事拖拉的孩子，背后往往有一个性格急躁、期望值高、控制欲强的妈妈。在教育孩子的过程中，这些妈妈总在不断地督促和强制孩子完成既定目标，很少给孩子选择的机会。孩子只能将拖沓作为无意识的隐性对抗语言，不断给自己心理暗示"我斗不过你，但是可以拖"，并由此强化自己的拖拉行为。用弗洛伊德的话来说，我们的心理防御机制为了保护我们，会把我们第一时间产生的情绪，即第一情绪给压下去，取而代之的是第二情绪。面对拖拉的孩子，妈妈往往把自己的焦虑转嫁给了孩子，久而久之，对培养孩子独立的人格和乐观的性格毫无好处。

要解决孩子的拖拉问题，妈妈需要了解导致孩子拖拉的原因，一般有以下几点：

（1）作业/活动内容的无关性。孩子可能认为要做的这件事跟他的目标或者未来规划毫无关系。

（2）无聊。有些活动确实不吸引人，比如大部分孩子认为整理自己的房间是一件很无聊的事情。

（3）缺乏自律。现在的孩子每天面临着很多诱惑，这让他们很难集中精力去做一件事情。

（4）害怕失败。很多孩子认为自己的表现无法满足自己的期待，以及父母师长的期待。这也会导致孩子变成完美主义者。

（5）缺乏时间管理能力。很多孩子错误地估计了完成一项工作所需要的时间，所以他们总是一拖再拖，认为自己有足够的时间去完成任务。

小成一向好动，写作业时要站起来好几次，一会儿打开冰箱找吃的，一会儿打开电视看看动画片开始没有，一会儿站到窗前看风景。妈妈看在眼里，急在心上，但她没有批评小成，而是对他说："小成，你很聪明，只要你肯努力，一定会有好成绩。但我刚给你算了一下，你在一个小时内停下7次去做别的事情，是不是有点多啊？"小成听了有点不好意思，他没意识到自己竟然站起来那么多次。

接着，妈妈又说："小成，我看你写一个小时的作业站起来3次就差不多了吧？"小成想，妈妈还挺宽容的，允许让他站3次，3次就3次。妈妈又说："军中无戏言，你要是能做到，可以随便看当天晚上6点的动画片。"小成一听特别高兴，以前看动画片他心里总是不踏实，担心妈妈随时会来阻拦，现在妈妈说可以随便看，他心里乐开了花。这时妈妈又说："先别急，有奖励就有惩罚，如果你一个小时内站起来超过3次，那么当天晚上的电视包括动画片都不能看了，你看怎么样？"孩子总会过高地估计自己，小成也不例外，他满口答应下来。

接下来一个星期，小成有3天做到了，这3天晚上，他都理直气壮地坐下来看电视，而且心里十分自豪。而在没做到的那两天，一到6点播放动画片的时间，他总是条件反射般地想看动画片。但是妈妈很坚决地说："男子汉大丈夫，说话要算话。"

这以后，小成写作业时就很注意约束自己了，渐渐地，他写作业时基本不会站起来了。

帮助孩子克服拖拉的习惯，本质上是帮孩子合理设置目标和期待，包括妈妈的期待。因为恐惧和焦虑不会随着时间的流逝而减轻，它只会在向着成功的努力中逐渐消散。有了妈妈的帮助、一个合理的计划，以及孩子尝试的意愿，孩子的成长将会是一个十分愉悦且收获满满的过程。

首先，妈妈应该将时间管理权交给孩子，第一步是学会看时间，第二步是学会遵守规定。比如，早上7点起床，自己调闹钟、穿衣服，大人不插手，假如迟到了受到老师批评，那也得受着；做作业，规定几点钟完成就几点钟完成，最多提醒一下他不要忘了时间。孩子有了责任意识，管理时间的主动性就会变强。

孩子毕竟是孩子，他们管理时间的能力，取决于自身的客观状况。心理学家发现，在没有培养生活习惯的情况下，7岁左右儿童的静态注意力，即安静坐着的时间，大部分为7~15分钟。假设从幼儿时开始进行训练，比如对着镜子静坐一分钟，可以延长其静态注意力的时间。孩子在受到多个目标如玩耍、吃零食、看电视等的引诱下，注意力很容易被分散。这是孩子能将20分钟的做作业时间拖到2个小时的原因，一会儿吃点零食，一会儿喝点水，一会儿幻想跟小朋友玩耍的情景，看似坐在桌旁，实则心不在焉。所以，孩子写作业的时候，妈妈不要在旁边看电视、聊天，同时尽量减少端水、送水果这种关心的打断行为。如果当天作业太多，可以把作业分割成两个或三个阶段，每段时间不可过长。比如第一次规定做15分钟或者20分钟，随着孩子注意力的提高和年龄的增长，以后所定的时间可以慢慢延长。

对大部分孩子来说，一个贴在墙上的简单表格就能极大地帮助他们调整和安排放学后的时间。妈妈可以和孩子一起决定是先玩还是先做作业，以及玩多长时间。在作业完成之后和睡觉之前预留一些空当时间。

妈妈的鼓励对孩子改掉拖延的习惯也很有帮助。如果妈妈能经常对孩子说："如果你再快一点就更出色了。""你现在比过去有了很大进步。""看你做得多快！""做得真棒，加油！""太好了，现在不用妈妈提醒你了！"这些真诚的鼓励可以打动孩子，为了不让妈妈失望，孩子下次做事就会有意识地提醒自己快一点。另外，当孩子做事的速度比以前快时，妈妈可以适当给予物质奖励，比如带孩子出去玩、给孩子买他想要的玩具等。

记住，要想让孩子认识到拖延的害处，妈妈可以适时让孩子尝尝苦头，当然孩子可能会怪妈妈不提醒自己，把责任推到妈妈身上。妈妈应该一开始就提醒孩子，事情要是搞砸了可不能赖别人。因为孩子往往不能在事情的开始预测到自己拖延所造成的后果，于是忽视妈妈的提醒。

4. 看轻考分，重视孩子的学习态度

妈妈关心孩子的学习成绩无可厚非，但是，如果对孩子要求过高，不仅不能成为孩子成长进步的动力，反而会打击孩子的自信。妈妈应该考虑孩子的特点和能力，不能主观地以高标准来要求孩子。过高的期望会造成孩子的焦虑与挫折，甚至消除其原有的潜能。同时，妈妈要设身处地地为孩子着想，站在孩子的角度考虑，让孩子自己定下切合实际的目标，以此衡量他的行为。这样，亲子之间的沟通才能顺畅。

即使孩子一时成绩不好，妈妈也不应该责怪孩子，而要接受孩子的现状，告诉孩子学习是一个循序渐进的过程，只要努力了总会有进步。

放学回家后，小良高兴地对妈妈说："妈妈，这次期末考试，我的数学考了100分，语文96分，英语98分！"

"你这就满足啦？语文和英语怎么没考100分，我看你就是粗心大意。"妈妈不以为然地说。

"考成这样已经很不错了，不就差几分嘛！"

"几分还不多啊，别忘了你还参加了补习班，语文、英语没考好，不惩罚你就已经便宜你了。"

"可我这次已经比上次有进步了。"

"小良确实进步了,也就错了一两道题。"爸爸试着说服妈妈,但明显底气不足,他知道不考 100 分,妈妈是不会满意的,"再说了,哪能次次都考 100 分呢?有时老师也会把题目出得难一些,给孩子点压力。"

"你就别替他狡辩了,小学二年级考个满分有那么难吗?只要他认真一点肯定没问题。我看他就是不认真检查,才会被扣分。"

小良突然反驳道:"难道你小时候每次都考 100 分吗?自己做不到,凭什么要求我做到?"

妈妈被小良顶撞后,不由得怒火上升:"你考不好,居然还敢跟我顶嘴?欠揍是不是?"

原本期待得到妈妈肯定的小良低着头,一声不吭,但眼睛里噙满了泪水。

请记住,所有分数,都是从 0 开始,经过一道题一道题的作答,逐渐累积起来的。而这累积的概念也在提醒我们,要肯定孩子努力的过程。

"小良,你真的很用心,妈妈觉得你这次准备考试真的很认真!昨天晚上你背诵课文,还认真查阅字典,从试卷上也能看到你细心检查的痕迹!"如果妈妈能把孩子取得这些分数的过程及努力清楚地说出来,会让孩子感受到自己被肯定,并相信自己有能力面对眼前的挑战。

值得注意的是,妈妈在鼓励孩子的同时,要让孩子意识到学习是他自己的事情,他不是为父母或老师而学习。只有意识到这一点,孩子才会有学习的动力。

具体来说,对于孩子的学习成绩,妈妈可以参考以下做法:

对于成绩好的孩子,多理性少娇纵。很多妈妈常常会因为孩子成绩好而给予他不理智的爱：孩子想要个昂贵的书包，妈妈毫不犹豫地去买，而且摆出很正当的理由，谁让孩子学习好呢！孩子因为成绩好就目中无人，看不起同学，妈妈却毫不在乎，还说孩子有骄傲的资本。孩子成绩好就可以不做家务，甚至起床后被子都不叠。要知道，学习成绩表现的是一种能力，谦虚、勤劳、尊重他人等又是另一种能力。妈妈不能只看重孩子的学习能力，而忽略了其他能力的培养。

对于成绩差的孩子，多关注少抱怨。一位就读于某重点大学的女大学生谈起学习时，经常会说这样一句话：是爸爸的鼓励让我考上了大学。以下是她的原话：

"爸爸很忙，平时根本没有时间管我的学习。有一次，爸爸抽空跟我聊天，最后说了这样一句话：'我这个爸爸当得不称职，平时根本没有管过你的学习。其实爸爸也想管你，但一来我很忙，二来我看你很努力、很用功，所以就没有过多地插手。不过，你也要劳逸结合，别搞垮身体呀！'

"当时我正在上初中，成绩一般，平时想得最多的就是玩。爸爸的话让我感到十分愧疚，同时也感受到了爸爸对我的信任。从那一刻起，我在心里暗暗告诉自己，一定不能辜负爸爸的信任和关心。事实也证明，我做到了这一点。"

很多孩子平常听得最多的话也许就是："快学习去""赶快写作业去"。这些话使得他们把学习当作一种负担，进而讨厌学习、害怕学习。对此，妈妈不妨换一种思维，让孩子意识到学习是他自己的事情，少关注学习，多关注健康和快乐。比如对孩子说："学习是很重要，但也不用这么拼命，该玩还得玩，要把学习变成一件快乐的事情。""学习很重要，但身体更重要，要做到劳逸结合。"

关心孩子的健康和快乐，同样是对孩子的一种鼓励。妈妈的态度会让孩子产生很强的安全感,他会因为自己的努力而自豪,也会因为妈妈的鼓励而更加努力。

阅读小贴士:

　　一位从教近20年的老师,对1990年前后毕业的150名小学生进行了跟踪调查,结果发现了一个耐人寻味的"第十名现象":一个班里最有出息的学生,往往不是学习成绩最好的前几名,而是班上处于中游的第十名左右的学生。他们既没有优生"想赢怕输"的负担,也没有差生的自卑心理,敢闯敢拼。这个现象说明了一个道理——一个人能否成功并不完全取决于学习成绩的高低。

5. 帮助孩子纠正粗心马虎的毛病

有的妈妈可能认为，粗心没什么大不了的，其实这个观念是错误的。粗心的孩子总是犯不该犯的错误，将来也很可能因为不该犯的错误而失去本应得到的东西。而且粗心的孩子容易浮躁，经常在考试时犯下不该犯的错误，丢掉很多分数。

面对粗心丢分的情况，孩子自责、埋怨的情绪往往要比不会做某道题时少很多。他们很有可能会说："如果不是因为粗心大意，我这次考试绝对可以得满分！"话语中还隐约流露出些许自豪感，好像不会做是不能原谅的，而会做但因为粗心丢分就可以得到原谅。这样想的孩子还不在少数。

实际上，孩子做事粗心，一是因为态度不够端正，这类孩子经常敷衍了事，马马虎虎凑合做完就算完成任务；二是因为性格急躁，这类孩子做什么事都很心急，匆忙中难免出错；三是因为不够熟练，这类孩子对知识掌握得不够扎实，很容易因麻痹大意而出错；四是因为心情焦虑，这类孩子因为心理负担过重，一考试就紧张，所以容易出错。

小维是班里的尖子生，这次考试却因为马虎而失利了，数学只得了 69 分。看到成绩单后，妈妈的脸马上沉了下来，骂道："考出这个成绩,你还有脸回来见我啊?整天说自己是个尖子生,我看你是差等生才对!"

在这个案例中,妈妈的态度实在不可取。孩子因为一时疏忽才考得不好,她却骂孩子是差等生。或许妈妈认为,这样骂没什么大不了的,孩子是自己的,即使骂得重了点,也不会怎么样,如果不这么骂,他根本就不当一回事。但妈妈没有想到,孩子会觉得自己的人格受到了轻视。如果妈妈过多地责怪孩子,会让孩子逐渐丧失对学习的兴趣和信心。所以,妈妈应该耐心帮助孩子改掉马虎的毛病,养成严谨做事的好习惯。

有些孩子对自己的马虎并不在意,而有些妈妈对孩子的马虎习惯也不够重视,认为只要孩子聪明,马虎一点也没有多大关系。这些想法都是错误的。妈妈可以给孩子讲讲人们在工作中因为马虎出错而导致严重后果的一些事情,让孩子认识到细节决定成败、马虎害人不浅,孩子自然而然就会细心许多。比如给孩子讲讲在航天航空设备的设计或制造过程中,一旦出现一点微小的错误,造成的损失和后果都是灾难性的。

做题时,妈妈要告诉孩子,千万不要在没有真正理解题意之前,想当然地去答题,结果答非所问。另外,做完题要学会检查,以便改正错误。针对学习中常犯的错误,和孩子商量拟订一些题目进行练习,要求又准又快,以准为基础快速解出来。要做的题最好都是孩子会的,很简单的,只要认真就能做出来,孩子经过反复训练,可以提高做简单题的成功率,逐步达到百分之百的准确。这样的训练比口头教育更有效果。当孩子经过训练后有所进步,妈妈应给予充分的肯定,以强化他的信心,并取得更好的效果。

另外,制作错题本也是纠正粗心大意的好办法。很多孩子改正错题时,只是把题目从头到尾再做一遍,蒙对了就算完成任务,根本不去深究犯错的原因,这样改错收效不大。妈妈可以让孩子把作业、练习、考试中的所有错题分类收集起来,在出错的地方用醒目的颜色标明错误的原因,时常翻阅,以提醒自己不要再犯类似错误。

值得注意的是,孩子学习的时候,妈妈应将电视声音调小,不要打麻将或打牌。儿童的注意力极易受到干扰,这些做法会使他无法集中注意力,时间长了,孩子会养成一心二用的坏习惯。

6. 告诉孩子成功有很多途径

老舍先生曾写过一篇题为《文艺与木匠》的文章,其中有这么一段:"我有三个孩子,除非他们自己愿意,而且极肯努力,做文艺写家,我决不鼓励他们,因为我看他们做木匠、瓦匠,或做写家,是同样有意义的,没有高低贵贱之别。"

人生的道路有很多条,不是千篇一律的。现代社会已经开始由学历社会转向能力社会,成功也由单一模式转向多种模式。况且,妈妈的目标是让孩子幸福,而通往幸福的道路有千万条,为什么要限定孩子的选择呢?只要妈妈有一颗平常心,尊重孩子的人格,相信孩子的选择,孩子完全有可能实现幸福的追求。

高考分数出来后,小何深受打击,觉得自己永远都站不起来了,他内心无比恐惧,感到眼前一片灰暗,看不清未来……在成绩出来后的一个星期里,他意志消沉,整天闷闷不乐。后来是妈妈的话让他重新振作起来,妈妈说:"你要先相信自己,然后别人才会相信你。高考是一条通往成功的路径,但它绝不是通往成功的唯一出路。消沉只会浪费你的人生而于事无补,快点从高考失败的阴影中走出来吧!妈妈相信你!"望着妈妈那双充满鼓励的眼睛,小何用力地点了点头。

妈妈对孩子有所期望乃人之常情，但是，如果妈妈的期望值和功利心过高，老想着让孩子出人头地，就会超越孩子的自身实际，最后适得其反，事与愿违。所以，妈妈要学会站在孩子的角度思考问题，用一种健康的心态来教育孩子，多一点平常心，少一点功利心；多一点轻松快乐，少一点自我折磨；多一点期待与宽容，少一点指责与不满。抱着平和的心态，或许能领悟到成功家教的真谛。

著名亲子教育专家卢勤说过，有平常心的父母往往会创造出平常之中的不平常。你想把孩子培养成伟大的人，孩子往往会变得十分平庸，甚至连普通人都不如；如果你按照普通的模式来培养孩子，也许经过或长或短的历练，最后孩子真能成为一个人物。

所以，在孩子学习不理想时，妈妈不如转换思维，选择另一种活法。三百六十行，行行出状元。成功不是只有上大学这一条路，现代社会需要多方面、多层次的人才，要做到人尽其才，而不是学历至上。对孩子来说，在社会上历练成长也很重要。

如果孩子的学业一团糟，可以看看孩子在其他方面有没有好的表现。比如，孩子选读计算机、外语等专业表现不佳，心态十分消极，但是他也许在烘焙、美术设计等方面表现优秀，那么，你是否愿意让孩子往这些方面发展？有的时候，不要把孩子限定在学习这条道路上，有些职业需要较高的专业性，对成绩要求较高，但也有些职业专业性不是特别强，参军、绘画、音乐，哪一方面有天赋就朝哪个方向努力，毕竟人生有很多可能，没有人规定我们一定要怎么过。

对于有能力考取大学的孩子，要鼓励他刻苦学习。对于因各种因素无法考取大学的孩子，妈妈应该静心分析一下，根据孩子的实际情况选择就业，不可鲁莽心急、草率地放任自流，也不能怨天尤人。

当孩子态度消极时，妈妈要避免给孩子贴上"不认真""不用功""不努力"的标签。这种武断的态度很容易斩断妈妈与孩子之间的沟通桥梁，或者换来孩子消极的自我评价："反正我就是不认真，又能怎样？"其实孩子心里也不开心，也想解决问题，但是当妈妈采取责骂的态度时，孩子出于本能的防备心理，会对妈妈做出不友善的反击。这样就根本谈不上激发孩子的学习动机，而且会让孩子消极抵抗，更加不愿意学习。

7. 培养孩子自主学习的习惯

　　一位教育专家曾经解释过"学问"二字，他说："学问学问，意思就是告诉孩子学习时应该先学后问。"现在很多孩子缺乏独立学习的意识，遇到问题往往直接找老师、同学或者父母问答案，有一种强烈的"学习依赖症"。有的孩子一旦失去了父母或者他人的帮助，甚至连家庭作业都无法完成。

　　"小黄，这道题的答案不对，你得重算一遍。"妈妈用铅笔将第7题的题号圈起来，耐心地说，"你再仔细看看题目还有你的运算步骤。"

　　"答案是多少？"小黄想都没想，直接开口问道。

　　"答案你要自己算过才知道啊！"

　　"哎呀！你就告诉我哪里做错了不就行了吗？"小黄有点不耐烦地说。

　　"$10 \times 50 - 46 = 500 - 46 = 454$，这是你写的算式，但是，你再读一遍题目。"

　　"我写作业都快累死了，我不想读。"小黄一副消极怠工的模样。其实，小黄的学习态度一直困扰着妈妈，不过，她仍然耐住性子，帮小黄念出题目："白米一包10公斤，A店进货46包，B店进货50

包，B店比A店多进了几公斤的白米？"

妈妈念完后，小黄说："我到底哪里算错了？你就直接告诉我答案吧，干吗老要我算来算去！"

看见小黄这个态度，妈妈也快失去耐心了："你能不能端正你的学习态度？"

"我不是一直在认真写作业吗，我的学习态度哪不好了！你直接说答案不就行了，干吗浪费时间？"

妈妈决定，再也不能直接告诉小黄错在哪里，答案是多少了，至少得让她学会动脑思考。

当孩子在学习上犯错时，比如笔画写错、造句造错、成语用错、计算算错、题意看错等，妈妈的耐心将经受很大的考验，虽然妈妈可以直接将答案告诉孩子，暂时造成孩子作业做对的假象，但是这样做后患无穷，将使孩子养成依赖"标准答案"的心理，懒于动脑思考。

孩子的自主学习能力不是与生俱来的，而是通过学习逐渐形成的。妈妈是孩子不可替代的启蒙者，其一言一行、一举一动，都会对孩子产生重大影响，孩子自主学习能力的提高同样离不开妈妈的培养。

我们提倡独立思考，首先要鼓励大胆联想，思想越"疯狂"越好，提出的设想越多越好。西方古谚云："世上有5%的人主动思考，5%的人自认为在思考，5%的人被迫进行思考，而其余的人一生都讨厌思考。"这在某种程度上说明能进行主动、独立的思考并不容易。

妈妈可以陪孩子发现问题、探讨问题，但是应由孩子自己解答问题，因为答案是什么不重要，重要的是，让孩子练习独立思考、判断的能力，他才能享受发现事理的喜悦。

很多时候，妈妈帮孩子做得太多，很容易让他感到理所当然，认为"给答案"是妈妈的责任。请仔细想想你每一次插手帮忙的情形，你是否放手让孩子去探索过。孩子的好奇心需要妈妈的细心呵护。另外，当孩子过于依赖"标准答案"时，妈妈也应思考孩子对于问题是否太容易陷入非黑即白的想法里，认为答案只有对或错，而没有灰色地带的弹性。一旦孩子心中认定了某个答案，对身边的事物便不会再去深入思考。

所以，妈妈应把学习的自主权交给孩子，让孩子把学习当成乐事，在学习中寻找并获得乐趣，意识到学习是自己的事情，应该怎样听课、复习和写作业，怎样思考、发言和讨论。

为了让孩子的大脑处于活跃状态，锻炼其思维能力，妈妈可以经常向孩子提问。提问时要善于提出开放性的题目，比如水的不同用途等，还可以用如何解决突发事件，比如"陌生人想把你领走，应该怎么办"等类似问题来引导孩子进行思考。

当孩子发表意见时，即使是错误的，也要鼓励孩子把话说完，然后给予分析和适当的指导。对于孩子的正确意见，妈妈应该给予肯定和表扬，增强孩子主动表达的信心。孩子主动发表自己的意见，调动自己的思维能力，用合适的方法将自己的想法告诉别人，是其独立思考能力的重要体现，因为孩子会对自己的问题和表达方法进行缜密的思考。

当然，提高孩子自主学习的能力总要经过一定的途径、掌握一定的方法才能实现。在加强孩子自主学习能力的同时，妈妈还要注意规范孩子自主学习的行为并及时纠偏，循序渐进地进行指导、训练，让孩子科学掌握自主学习的方法，从而不断提高学习效率。这对孩子日后的课程学习、课外自学和自然社会科学知识的广泛阅读，有着不可估量的作用。

8. 孩子厌学要少责骂多引导

厌学心理是一种对学习产生厌倦乃至厌恶、逃避的心态，主要表现为缺乏求知欲，对学习产生畏难情绪，感到无能为力，找不到目标和希望。调查表明，大多数孩子的厌学情绪和他们是否聪明没有多大关系。但厌学心理的产生与发展将直接影响孩子的学习和成绩，甚至危害其身心健康。

正上中学的小乾越来越让父母失望了，他的成绩一路下滑，根本没把心思用在学习上。尽管他从不逃课，也不破坏班级纪律，能够中规中矩地坐在课堂上听讲，在家努力完成作业，父母给他报的课外辅导班一次不落，并尽力完成辅导老师布置的作业，但是他的成绩总是没有进步。后来，妈妈发现他一直在装样子给父母看，事实上，他在学习上经常遇到问题，但从来没有认真去解决，也从来不主动向老师、父母请教。但从小乾看电视、玩游戏、与同学交往的积极性和聪明程度来看，妈妈判断小乾的智商绝对没有问题，问题可能在于——人在学习，心在他处。更令妈妈头疼的是，她不知道小乾整天都在想些什么，因为小乾从来不主动和父母说。眼看小升初已经迫在眉睫，妈妈为此十分着急。

孩子在学习过程中表现出来的冷淡、怠慢等消极情绪和行为，都是厌学的表现。当孩子因为厌学而成绩不理想时,妈妈容易误认为是孩子的智商有问题,教育态度也因此变得焦躁,甚至对孩子感到绝望,认为孩子没救了。这样一来,厌学对孩子的消极影响就不只是学习成绩低于潜在能力所能达到的水平了,还会因此影响孩子的自信心和个性品质。

通常来讲,厌学情绪可以分为三种不等程度:轻度厌学、中度厌学、重度厌学。轻度厌学表现为孩子不喜欢或是不想学习,如注意力不集中、写作业时投机取巧、听课总是走神等;中度厌学表现为孩子经常逃课或逃学;重度厌学则比较严重,可能会发展为心理问题,如品德、动机、个性或身体出现问题,这种情况需要专门的心理辅导和矫治。

一般来说,轻度厌学容易被大人忽视,中度和重度厌学才会引起大人的关注。现实中,很多孩子处于轻度厌学的边缘,一不留神就会发展为中重度厌学,对孩子的隐性危害深远而持久。所以,妈妈应高度重视,一旦发现就要及时用科学的态度和方法加以引导。

首先为孩子创造一个温馨、和睦的家庭环境,这对孩子的成长至关重要。家庭不完整或者家庭气氛不和谐会严重影响孩子的心理健康,使孩子变得孤僻、反叛。因此,父母要尽量避免在孩子面前争吵,以免给孩子幼小的心灵留下阴影。

妈妈要明白,不管是成绩优秀的孩子,还是学习较差的孩子,都会有个阶段不想上学或是讨厌学习。对此,妈妈不要如临大敌,把事情想得多么严重,更不要就此否定孩子,指责、批评只会加重孩子的逆反情绪。实际上,孩子厌学并不是对前途未来的一个否定,而是阶段性的休整,经过调整和引导,这种状况通常能得到改变。

不能因为孩子成绩好就将孩子捧得高高在上,成绩差就将孩子说得一无是处,或者随心所欲,对孩子想管就管,不想管就视若无睹。正确的做法是科学地关注孩子的学习与变化过程，多与孩子沟通交流，定时检查孩子的学习情况，关注孩子的学习细节，首先做到寓教于乐，然后扬长避短，让孩子养成良好的学习习惯。

一个人一旦有了成功的决心和信心，就能保持最佳的精神状态，并积极主动地去学习。因此，当孩子每一次作业、考试有进步时，妈妈应该适时地进行表扬，让孩子看到希望，树立起学习的信心。孩子一旦有了成功的决心和信心，就能保持最佳的精神状态，并积极主动地去学习。妈妈应该主动给孩子减压、松绑，不要过于强调竞争与赶超；要多倾听、多宽慰、多疏导，多鼓励，关心孩子的休息和心境。

有的时候，对于难管的孩子，妈妈不妨利用其逆反心理去刺激他，比如你希望孩子学习，但偏偏不许他学，孩子为了反抗，一定会乖乖地钻进你的"圈套"。逆反心理在心智尚未成熟、年纪较小的孩子身上表现得更为突出，如果善于利用孩子的逆反心理，可以取得较佳的效果，因为对于孩子来说，反抗就是反抗，根本不必有什么理由，这就是孩子的心理模式。

家庭和学校是教育孩子的两个主要场所，但它们通常是分离的，这对孩子的教育来说是一个非常不利的因素。加强家校联系，有利于了解孩子的学习生活和日常行为，及时发现孩子厌学的倾向，尽早找出根源，并采取有效措施加以引导，使孩子发生转变。所以，妈妈平时应该多与老师沟通，全面了解孩子在学校的学习情况，防患于未然。

对待孩子的逃学现象，妈妈切忌情绪冲动，不问青红皂白就教训孩子。这样做容易让孩子丧失原本不多的求学热情，也容易使孩子因为害怕遭到打骂而选择撒谎。而且，妈妈教训得太重，可能会给不良分子以可乘之机，使孩子更快地向那些人靠拢，后果不堪设想。正确的做法是，妈妈先平息自己心中的怒气，然后认真了解孩子逃学的原因。只有弄清了原因，才能对症下药，教育好孩子。

要想让厌学的孩子，特别是受困于学习成绩差的孩子，抛开在后面追赶的心理压力，妈妈应该积极肯定孩子的相对优势，这样也许可以起到积极的作用。比如，当你发现孩子在百米赛跑中表现优秀，可以借由参加田径队的方式让孩子乐于跨入校门；如果孩子擅长弹吉他、唱歌，可以考虑让他参加音乐社团展现自己的才艺，增强上学的动力。千万不要说孩子一无是处，只要妈妈愿意去挖掘，一定能够发现孩子的优点。

另外，妈妈还要通过家长会、家长经验交流、家教报刊以及青少年心理方面的书刊等，学习如何教育孩子做人，指导孩子学习，帮助孩子树立高远的理想，实现自身的人生价值等，帮助孩子消除厌学心理。

阅读小贴士：

以前科学界一致认为，火箭根本不可能被送上月球。因为火箭飞向月球所需的燃料和火箭的自重至少达100万吨，要想把如此笨重的庞然大物送进太空，更无异于痴人说梦。但是，后来科学家们找到了解决之道——多级火箭，也就是将火箭分成若干级，当第一级火箭燃料消耗完毕后，便自行脱落以减轻重量，接着是第二、第三级火箭脱落，这样，火箭就能轻松地飞到月球了。

古语云："不积跬步，无以至千里。"当我们为自己的人生目标而努力奋斗时，不妨试试将大目标分解为若干个易于达成的小目标，这样每完成一个小目标，就可以让我们体验到"成功的感觉"，这种"感觉"会强化我们的信心，从而激励我们去完成下一个目标。

9. 理性看待孩子之间的差异

过去人们比吃，比穿，比富，现在则开始比孩子，比如孩子的个子高低、做事快慢、才艺水平、成绩好坏，都是比较的项目。随着孩子年龄的增长，妈妈对孩子的期望也随之加大，生怕孩子落在别人后面。当孩子的成长状况与妈妈的期望产生差距的时候，妈妈就容易情绪失控，对孩子咿呀学语、蹒跚学步时的耐心荡然无存："小玲跟你同一天上学，她怎么每次都考100分，而你连90分都上不了？""你要是有小忠一半聪明，我就谢天谢地了。""牛牛比你还小，都认识300个字了，你整天就知道玩。"

调查表明，近三分之二的父母喜欢夸奖别人的孩子。这样做往往出于不同的动机，有的是为了刺激孩子，让他对自己感到羞耻；有的是为了激励孩子进步；有的纯属向孩子发牢骚，嫌孩子不争气。无论是什么情况，只要妈妈的比较包含着对孩子的贬抑，都会伤害孩子的自尊，在孩子内心播下自卑的种子。妈妈越比较，他就越会感到自己是个无用的人，干脆破罐子破摔。

竞争是重大压力的来源之一，它会打击一个人的信心，使其本来已有的能力无法发挥。因此，妈妈要注意培养孩子克服挫折和失败的勇气，而不是让他成为竞争的牺牲品。

女儿期末考试后，毛小青参加了家长会，父母们聚在一起，相互取取经、发发牢骚，当然也免不了比比孩子的成绩。毛小青的女儿一向成绩优异，大家都很羡慕她，这个说"看人家的孩子多让人省心"，那个说"你有什么教育孩子的好办法，也教教我们"，这让毛小青感到很得意。可是成绩一公布，毛小青就傻眼了：女儿这次只考了二十几名！尽管老师说孩子只是因为数学考试中的一道大题意外失手，才把成绩拉了下来，其余几门课都考得很好，毛小青却觉得颜面尽失。回家后，她把女儿叫到身边大声训斥起来："你这次考试怎么考的，怎么这么马虎，把一道大题的分都丢了！竟然考了二十几名！这次开家长会，别的家长还向我取经，结果你考得还不如人家的孩子呢！"

喜欢用孩子的成就来给自己脸上贴金，这是一些妈妈的陋习。当孩子在别人面前为妈妈挣足了面子，让妈妈觉得脸上有光的时候，妈妈就会对孩子宠爱有加，大加奖励；当孩子让妈妈在人前面子尽失的时候，妈妈又会气急败坏，对孩子大呼小叫。

攀比造成的苛求将使年幼的孩子失去安全感。4岁以下的孩子，如果总听妈妈说自己不如某个孩子，心理压力就会增大，担心自己会被妈妈抛弃。而当孩子渐渐长大，意识到即使妈妈再不满意自己，也不会抛弃自己时，他向上的动力也就随之消失，变得拖沓，任何批评都无法触动他。

妈妈应该明白，人生在世，没有哪两个人是一样的，每个人都有自己的天赋、性格和能力，如果一味地进行攀比，看不到孩子的长处，只看到孩子的短处，便难以收到理想的教育效果。

正确的做法是，以平常心去对待孩子暂时的不足，接受并承认孩子之间的差异，帮助孩子学会取长补短。当看到孩子和别的孩子有差异时，先不要着急，这种差异未必就是差距，而往往是孩子个性形成的开始，需要妈妈加以呵护。比如，孩子的脑子迟钝一些，教育孩子笨鸟先飞，多卖些力。另外，孩子有了进步，妈妈应该多加鼓励。只要孩子付出了努力，已经尽其所能，妈妈就不要提出过高的要求。

别的孩子学什么，就让自己的孩子也学什么；别的孩子考上清华北大，回家也逼着孩子非清华北大不考，这些做法都是偏激的。只有选择适合孩子的发展道路，按照孩子的天性去培养他，才能让孩子充分发挥自身潜能。妈妈应该多花些时间去挖掘孩子的兴趣和特长，对孩子各方面的情况进行全面分析与正确估计，在深入了解孩子实际水平的基础上，提出合理要求，让孩子感受到生活的乐趣与亲情的温暖，从而培养良好的性格和品格。

在考试分数上，妈妈不要给孩子太多的压力，一次考试并不能说明孩子的全部学习情况；也不要因为孩子偶尔一次考砸而觉得脸上无光，孩子是需要鼓励的，鼓励和理解能让他保持学习的兴趣。

阅读小贴士：

美国密苏里大学和伊利诺伊大学一项针对700多名妈妈的新研究发现，在成功完成某些事情后，用礼物奖励孩子或者将送礼物作为表达爱意的一种方式，会导致孩子更加功利。

很多妈妈都把物质奖励作为督促孩子学习，让他们乖乖听话的一种手段，因为它在初期对激发孩子动力有立竿见影的效果，也容易达成。但对很多家庭来说，一般的物质刺激已经很难满足孩子的"胃口"，很容易失去激励的作用和效果。同时，不断升级的物质奖励还可能让孩子为得到礼物而选择不正确的途径。

10. 客观对待孩子的升学问题

现在，孩子就是一个家庭的未来和希望，对于妈妈来说，在教育上做得再多都不够。在每个家庭中，孩子的上学问题都是头等大事。从孩子上幼儿园、幼升小、小升初，直到中高考，妈妈们费尽心思为孩子选择一所理想的学校，不惜花费大量人力物力，买学区房、上培训班，让孩子提前学习几年后才会学到的内容，死记硬背大量知识，这不仅给孩子带来了负担，无形中也给妈妈们带来了很大的精神压力。

小斌上初二了，他的成绩一直是中等偏上，这让父母很着急，再这样下去，重点高中就没戏了。于是，夫妻俩一起督促小斌学习，还不断给他讲一些"考不上重点高中，将来就很难考上重点大学"的道理，但他们的做法似乎没有效果，小斌的期中考试成绩毫无进步，老师还反映说小斌变得内向了许多。父母只得带小斌去看心理医生，心理医生说小斌有忧郁症的倾向，这主要是因为心理压力过大。同时，心理医生还给他们支了一着"减负计"。

回家后，夫妻俩找小斌谈了一次话，妈妈说："小斌，我们一心想让你的学习成绩变好，没想到却给了你太大的压力，现在我们认为应该按你的成绩对你提出实际的要求。你现在的成绩是中等偏上，那就努努力考九中吧！九中虽然不是重点高中，但教学质量也不错。""妈妈，你是认真的吗？"小斌有点不敢相信自己的耳朵。"当然是真的！不过，你可不能因为我们降低了要求就不认真学习，知道吗？"小斌连忙点头。

那天以后，小斌的脸上又有了笑容，而且也不用父母监督学习了。中考成绩出来了，小斌的分数竟然超过重点高中的分数线17分，考上了重点高中！父母都十分惊讶，小斌笑着说："没有压力、轻装上阵，自然发挥得好！"经过这件事后，父母决定今后要将"减负"进行到底。

由上可知，妈妈对孩子的期望要从实际出发，为孩子营造一个宽松、舒适的学习环境，鼓励孩子积极备考，把升学考试当作人生的一次挑战，只要正常发挥自己的实力即可，不要把中高考，尤其是高考当作孩子的唯一出路。在具体操作中，妈妈的心态十分重要，只要把能做的尽力做了即可。没有绝对的界定说去了哪个学校的孩子就是好孩子，实际上，适合孩子的学校就是好学校。

妈妈应该综合考虑自己的生活环境、经济能力、工作以外的时间和精力、孩子与其他长辈的态度等来决定自己的教育方法。如果妈妈对孩子的期望脱离实际情况，很容易使自己陷入焦虑的状态中。所以，妈妈应该了解孩子，尊重孩子，根据孩子的具体情况来设定期望值。

有些孩子是遇强则不弱，有些孩子只适合当"鸡头"，不适合当"凤尾"。妈妈要充分了解孩子，明确孩子属于哪一类，具体问题具体分析，适合孩子的就是最好的。同时替孩子多问一些问题：我具备什么样的能力和素质，凭着现有的能力和条件，能不能成为自己目标中的那个人？如果不具备这些条件，我能不能创造这样的条件？

妈妈还可以主动跟同事、朋友交流分享经验，多读书看报，充分了解每所学校的特色和孩子每个阶段的成长特点。如果不具备一定的教育能力和知识，仅凭自己的成长经验去教育孩子是十分危险的，因为妈妈的成长经验已经落伍了。

阅读小贴士：

购买学区房的注意事项：

1. 了解划片信息。公立小学划片每年都会有些变动，购房之前应该了解清楚。有些时候可能因为一条街道，相邻的学区房划片学校也会有所不同。

2. 了解学位年限。部分学位是有年限限制的，要提前弄清楚，别等到孩子长大，准备读书了，才发现学位过期了。

3. 了解学位的人数限制。学位并不一定能够满足所有业主的子女就读，因此开发商才会有学位先到先得的说法。

4. 查明学位指标是否被占用。这主要是针对购买二手房而言的，购房者要搞清楚房子的学位是否已被占用，如果户口已经被使用，则要求前业主迁出，以方便自己的户口迁入后，孩子获得学位。

5. 了解各个学校对于学位的特别规定。一般来说，知名度越高的学校，学位越紧张。有的学校学位实行排名制，有的则以入户时间先后为准，所以要事先打听清楚。

6. 谨慎看待"就近入学"。"就近"指的是相对就近概念，而非地理位置的远近。

第十一章　停止吼叫，陪孩子顺利度过青春期
——孩子的青春期里没有逆反

青春期是孩子从儿童走向成人的过渡期，也是他们性格塑造的黄金期，更是他们误入歧途的危险期。这时就需要妈妈多花精力引导孩子，多花时间陪伴孩子。

1. 合理给予孩子自由

已经晚上11点了，小靳才从外面回来。他一边换鞋，一边看着坐在沙发上焦急等待的父母，问道："你们怎么还不睡？"妈妈站起来，担心地问道："你不是8点就下晚自习吗？怎么这么晚才回来？"小靳一听，脸色顿时沉了下来："没怎么。""没怎么是去哪儿了？这么晚可不安全啊。""我想去哪儿就去哪儿呗！我都这么大了，还能走丢不成？你们干吗一天到晚监视我？我还有没有自由了？！"妈妈被小靳这一通喊叫吓了一跳，不敢再问下去了。

妈妈通常会在某一时期突然发现，原本听话的孩子好像变成了一个"焦躁孤僻偏执患者"，无论大事小事都宣扬"自由主义"，讨厌别人插手自己的事务，就连父母的关心也成了一种干涉其自由的"罪恶"行为。那个凡事喜欢追着叫妈妈、问为什么的贴心小宝贝，此刻踪影全无。

对于孩子的巨大变化，妈妈从情感上自然一时难以接受，但如果能从生理的角度分析，就能对孩子的行为有所理解了。孩子叛逆，是进入青春期必然会出现的一种现象，主要表现之一就是极度捍卫自己的"王国"和"主权"，对于别人干涉自己的事务异常敏感、排斥。对于企图"踏入"自己"领土"的人，他们会在第一时间情绪激烈地将其赶出去，无论对方是否出于好意。

自我意识过于强烈，不仅会左右孩子一时的情绪，还有可能对孩子的性情产生长远的影响。因此，妈妈应当合理干涉，但要避免独断专行，剥夺孩子根据自己的意愿处理各种事务的机会。妈妈越是逆着他、管着他，他反抗的情绪越是强烈。因此，妈妈不妨顺着他，让他感觉到妈妈与他站在一条战线上，并在这个基础上提出关心式的建议。

青春期的孩子并非完全不理性、完全不善解人意，他们只是更渴望自由地安排自己的事情。如果妈妈能够给他足够的自由和权利，充分的信任和理解，他就不会将注意力过多地放在争取主导权上，而是会反过来为他人考虑，或者从事件本身出发做出比较理性的选择。

李成非常喜欢打篮球，每天放学后，他都会和几个小伙伴一起去打球。这天打球回到家后，他的衣服脏兮兮的，还擦伤了胳膊，妈妈为此很恼火，臭骂了他一顿，并勒令他赶快洗澡，禁止他再去打球。妈妈一边说，一边给他洗衣服。

爸爸在一旁说："孩子已经不小了，不能总把他当成孩子，像洗鞋袜这些小事，可以让他自己做，别让他养成懒惰的坏习惯。至于打篮球，那是孩子的正常爱好，只要不耽误学习，就让他去打吧。受点小伤很正常。"

妈妈觉得爸爸说的有道理，于是走到李成的房间，严肃地说："妈妈允许你有自己的自由和爱好，但是你必须写一份承诺书并签字。一、不能因为打球而耽误学习；二、要保护好自己，不发生意外；三、打球后的脏衣服自己洗。"李成高兴地写了承诺书并签了字。

很多妈妈以为孩子的事必须由父母决定，而孩子只要服从安排即可。但是这样孩子就不会有自主权，也没有做事的主动性，很可能会因为某些不得不做的事而应付了事。结果，孩子在无形中养成了懒散的习惯，甚至可能加重孩子的逆反心理，进而使亲子之间难以沟通。要想让孩子学会自己处理问题，妈妈首先要放手让孩子自己去做决定，然后全力支持孩子的决定。

2. 不要打探孩子的隐私

随着孩子逐渐长大,他们会在日记本里记下自己的真实想法、感受、悄悄话等,而妈妈也很想知道孩子每天都在想些什么,写些什么,希望通过孩子的日记了解他们。可是,妈妈越想了解,孩子越是藏得严实,对自己的秘密三缄其口,让妈妈无可奈何。好不容易接到孩子的一个电话,妈妈刚想听听里面说些什么,却被孩子发现了。这种事情在生活中并不少见,孩子的日记让妈妈好奇不已,孩子的电话、短信更要例行检查……妈妈所有的这些关心行为,在孩子看来都是在侵犯其隐私。

媛媛是一名初二女生,一天,她正走在上学的路上,突然想起作业忘记带了,于是急忙掉头往家跑。当她掏出钥匙打开家门时,看到妈妈正从自己的房间出来,脸上带着不自然的表情。媛媛走进房间去拿作业本,推开房门,她不由得愣住了,只见书桌的抽屉全部敞开着,日记本、同学们送的生日礼物及贺卡等物品胡乱地堆在桌子上。

媛媛非常生气地质问妈妈:"你为什么翻我的抽屉,随便动我的东西?"

没想到妈妈比她还生气:"怎么了?当妈妈的看看女儿的东西还不可以吗?"

"可是你应该经过我的允许才能看啊！"媛媛愤怒地回答妈妈。

"小孩子有什么允许不允许的，别忘了我是你妈妈，好了，快去上学吧！"妈妈毫不在乎地说。

孩子的内心和情感是很脆弱的，如果妈妈想单纯地通过窥探孩子的隐私，来把握孩子的成长轨迹，只会加剧亲子之间的矛盾。

英国的一位心理学教授认为，孩子在青少年时期对隐私权的重视，超过他一生中的任何一个时期，包括成年期，如果你觉得隐私对自己很重要，那么它对孩子的重要性并不亚于你。

因此，妈妈千万不可采取偷听（孩子之间的电话、谈话）、偷看（孩子的信和日记）、偷查（跟踪孩子，向孩子的同学和朋友"刺探情报"），甚至打骂体罚、逼迫等手段来窥探、监视、干涉孩子。否则，亲子之间的距离会越来越远，甚至还会导致难以挽回的后果。

对于妈妈来说，理智的做法是尊重孩子的隐私权，也就是尊重孩子的人格。时刻明白孩子有他自己的生活，是个独立的个体，并非完全属于父母。他有权利做自己想做的事情。他有情感和秘密，有尊严和人格。有些事，他可以选择不与人分享，妈妈不应强行要求孩子怎样做。

同时，妈妈还要多关心和理解孩子，承诺孩子的事情要做到，不能出尔反尔说话不算数，甚至瞒着孩子偷看孩子的日记。那样孩子以后还会把真实的想法告诉父母吗？所以在和孩子相处的时候，妈妈要理解、宽容，让孩子明白妈妈是值得信任的，值得他托付秘密。

即使孩子不愿意让妈妈知道自己的秘密，也不要觉得这是孩子学坏了的表现。要给孩子独立的空间，允许他有秘密，主动给他的日记本上把锁。

也许有一天，妈妈会发现，日记本上的那把锁没有了，而妈妈和孩子之间的紧闭的心门也打开了。

3. 尊重孩子的朋友

青春期是孩子学会人际交往的关键时期，也是其性格、品德形成的关键时期。对于青春期的孩子来说，交到什么样的朋友，很可能关系今后人生的成败。

然而，孩子会遇到各种各样的朋友，并非所有朋友都会成为他成长的益友，有时妈妈对此十分纠结，不知是要果断干涉，还是继续保留孩子交友的自由。

不管怎么做，妈妈必须清楚地知道孩子需要怎样的朋友，哪些朋友会给他造成不利影响，这需要有一个正确的标准。当然，标准不是凭妈妈的爱好而定，比如不想让孩子跟成绩太差或性格过于内向的孩子交朋友，那就真的犯了不尊重孩子交友的错误。

妈妈参加了莉莉所在班级的家长会，一回到家，她便把一个小本子递给莉莉，上面记着莉莉的名次和成绩，以及班里前十名同学的名单和成绩。忽然，莉莉看到小本子显眼的地方写着她的铁杆姐妹的名字，倒数第三，297 分。妈妈记这个干什么？她心里十分疑惑，这时，妈妈开口了："你看见你那个最好的姐妹的分数了吗？倒数第三！你怎么整天和这种人在一起？"

莉莉不满地反驳道："她的成绩好坏，跟我和她是好朋友有什么关系！"

"当然有关系,你以后不能和这种差生一起玩!"

"她不是差生!"莉莉叫喊着。

"不管如何,你不能再和她来往了!她的成绩那么差,你会被影响的!"妈妈武断地说。

"我不会受她影响的!"莉莉仍为好友抱不平,"她虽然学习不好,但是她很善良,待人也很好,我和她是一辈子的好朋友。"

双方争得面红耳赤,但不管莉莉怎么说,妈妈都不同意她和朋友继续来往。莉莉生气地跑进自己的房间,偷偷地哭了。

毫无疑问,妈妈都希望孩子向成绩好的同学学习,与优秀的同学交朋友。一旦发现孩子与成绩差的同学交朋友,妈妈便十分担心,生怕孩子受到影响,成绩也变差。

实际上,妈妈大可不必这么担心,正确的做法是,不要对孩子加以指责,而要合理地引导孩子,让孩子取其长处,避其短处,既帮助自己的小伙伴,同时又能让自己进步。不要一味以学习成绩来衡量孩子的朋友,而应该综合多方面来考虑,孩子的朋友也许成绩一般,但见识广博、有自己的想法,或者品德高尚,也会成为孩子难得的挚友。

在实际经验中,强行干涉孩子交友往往会适得其反,激发孩子的逆反心理。当然,自由是相对的,尊重孩子的交友权并不意味着不做任何干预,对孩子放任自流。孩子的自制力和辨别能力还很差,很容易因交友不慎而误入歧途。

妈妈要让孩子知道,真正的朋友是可以相互促进的。朋友相交,看重的不是物质层面的给予,而是精神层面的给予,要看他能不能给予对方有益的影响。妈妈要让孩子多和有助于自身进步的人交往,同时也要尊重孩子的意愿,让他有一定的自主权。只要对方不是品行太差,便应尽量尊重孩子的意见。

在不了解孩子的朋友的性格之前,不要被"学习很差""贪玩"

这些标签迷惑。妈妈可以鼓励孩子邀请伙伴到家里来玩，从中观察孩子究竟在跟什么样的人交往。比如，对孩子说："真高兴你有了自己的朋友，听说你的朋友很棒，你们应该互相关心、互相帮助。""听说你交的朋友很优秀，我很想见见他，你看可以吗？"当孩子的朋友来家里时，妈妈应该把对方当成自己的朋友，热情地表示欢迎，比如说："真高兴小新有你这样的朋友，你能来真是太好了！"同时鼓励孩子认真接待朋友，让孩子的朋友感觉到你对他们的支持和赏识。妈妈这样做，既可以表示自己对孩子的尊重，也可以进一步拉近亲子关系。

在孩子交友的过程中，妈妈要不断地进行指导，比如：对待朋友要真诚坦率，严于律己，宽以待人；努力做到对朋友热情、关心、彬彬有礼；处事要宽宏大量，不计较个人得失；每个人的性格、情趣各不相同，交往时要尽量尊重朋友的意愿，主动寻找双方都感兴趣的话题。如果发现内向的孩子总是跟同样安静的孩子待在一起，互相助长了彼此的内向性格，这个时候不要强硬地拆散他们的友谊，可以给孩子介绍一些不同性格的新朋友，让他的行为性格不至于总是受到一个朋友的影响。

如果孩子交了不好的朋友，也不要过度谴责孩子，吼叫不能从根本上改变什么，而应该帮助孩子正确认识一些错误行为的弊端，提高孩子辨别是非的能力。妈妈首先要了解原因，比如孩子可能是想获得他人的关注或者不想被人欺负等，然后引导孩子通过其他正当手段实现自己的需求。切忌用打骂的方式逼迫孩子与朋友绝交。打骂是一种极端的方式，往往会事与愿违，把孩子往外推。妈妈应该冷静下来，跟孩子多交流，鼓励孩子分享他和朋友之间的故事，通过孩子的描述，告诉孩子哪里做得不对，这样孩子会更容易接受妈妈的意见。妈妈还可以用迂回的方式减少他们见面的机会，比如给孩子报个兴趣班，让他少一些时间与损友来往。

4. 理性对待孩子的异性交往

进入青春期的孩子,生理上的急剧变化引起了心理上一系列微妙而复杂的反应。异性之间的相互交往以及由相互吸引而产生的愉悦情绪是一种良好的、积极的体验,不仅对身体健康十分有益,而且良好的心理体验也会产生良好的生理效应,可以激发孩子的潜能,使其敏捷活跃、奋发向上。

这种异性效应对中学生有着积极的影响:使同学间相互取长补短、丰富完善自己的个性;可以提高学习与活动效率,男女同学在一起学习有可能相互启发,使思路更加开阔、思维更加活跃,触发智慧的火花;可以提高自我评价的能力,孩子在评价对方的同时,也会注意规范自己、塑造自己、完善自己,从而在评价别人时学会评价自己,使自我评价的能力得到提高。青春期的孩子都希望引起异性的关注,希望能以某些特点或特长受到异性的青睐,孩子往往会因此激励自己奋发向上,不知不觉中对自己提出要求:学习刻苦努力,举止优雅大方,待人温文尔雅,言谈风趣,富有修养。这种相互激励将成为孩子发展的动力和"促进剂"。

小百合读初三,是班上品学兼优的好学生。最近,妈妈发现她的手机里有男生的电话号码,而且放学经常有男生陪她回家。妈妈对此十分恼火,决定采取强硬措施,将这些不良苗头消灭在萌芽状态。她严格规定,小百合放学15分钟后必须到家,并时常出其不意地出现在小百合放学回家的路上，以观察其动态。

在家里，妈妈一听到是男生打来的电话就马上挂断，并一个劲地询问打电话的是谁。小百合从小就很听妈妈的话，她对妈妈的这种做法很不理解，哭着对妈妈说："这些都是班上的同学。最近班上开展一对一活动，我自己是班干部，有责任帮助同学。再说，我们也没有做什么。"妈妈一听更火了，大声地说："帮助同学干吗非找男生？马上就要中考了，你自己都忙不过来，还帮别人，万一帮出事怎么办？不行，我不同意！"

没过几天，妈妈又发现小百合和一个男生在放学的路上边说边走，顿时怒不可遏，冲到那个男生面前，气势汹汹地说："你跟着我们小百合干什么？小流氓，给我滚开！"小百合一听急了，拉着妈妈说："我们在谈明天的活动课。"但妈妈根本不听，不由分说地拉着小百合走了。

回到家后，妈妈非要小百合说清楚和那个男生是什么关系。无论小百合怎么申辩她都不信，干脆把小百合关在屋里，不说清楚不准吃饭！小百合在屋里越想越伤心，不知道妈妈为什么变得如此反常，自己到底错在哪里了。如果班上的同学和老师知道了这件事，会怎么想？她突然感到百口莫辩，伤心至极，大声地哭了起来。

在现实生活中，不少妈妈严禁孩子与异性密切交往，一旦发现孩子有异性朋友便出面劝阻，殊不知，这种做法不仅达不到预期目的，还有可能使孩子产生逆反心理。其实，如果孩子能够有一些异性朋友和同性朋友，在异性朋友和同性朋友这样一个共同的群体中，他就能够更自然、更主动地与人交往。所以，妈妈要坦诚以待，适当鼓励，引导孩子与异性正常交往，这对孩子的成长是有好处的。

对青春期的孩子来说，他们并不了解这个阶段的异性交往是属于友情、爱情、心理需要、生理需求，还是外表的相互吸引，也不能准确分辨自己对对方究竟属于好感、喜欢、欣赏、同情还是依赖。在这种情况下，妈妈对孩子进行点拨和指导就显得十分重要。

妈妈首先要帮助孩子树立正确的人生观、世界观，确定崇高而远大的目标，避免无谓地浪费时间和精力，这是防止和纠正孩子早恋行为的最佳办法。还要保持与孩子沟通的渠道。妈妈可以在吃饭的时候、散步的间歇引导孩子谈论一些他愿意谈论的话题，然后再延伸到学习生活中去，倾听孩子对同学和他人的看法，听孩子说说发生在他身边的事情。孩子在谈话中会不知不觉地暴露自己的思想与观念，使妈妈掌握一些隐秘信息。通过传递纸条、相互写信、互发信息、网上留言等方式来加强与孩子的沟通，也都是很好的办法。有时妈妈还可以适当变换一下场景，比如带孩子到外面吃饭，到公园一起散步，让孩子感到妈妈和他的心跳是一致的，从而产生思想上的共鸣，主动向妈妈敞开心扉。

假如孩子对异性产生好感，严重影响了学习和生活，妈妈也不能简单粗暴地进行批评，应该从侧面鼓励孩子多参加课外活动，把注意力转移到自身能力、修养的提高上，把精力放在自我进步上，比如参加演讲比赛、英语竞赛，发展业余爱好，在学习中为自己树立目标；同时告诫孩子："在这个阶段，你的任务就是学习，你所能处理的事情及所能承担起的责任，就是好好地完成你的学习任务。"

妈妈应该引导孩子正确处理早恋和男女生正常交往的关系，让孩子不要过分敏感，以为异性对自己好一点就是爱，不要动不动就向人家表达爱，应该多参加集体活动，分散自己的注意力；当有人向自己表达爱意或自己对异性萌生爱意时，可以把注意力转移到学习上去，用探求知识的乐趣来取代不成熟的感情。

另外，妈妈要让孩子在与异性交往时注意保持距离；与异性朋友交往，要注意言行举止，说话做事要留有余地，不能毫无顾忌。比如，交往时尽量不谈涉及两性之间的敏感话题；身体接触要把握好分寸，不能过于轻浮，也不要过分拘谨。如果是正常的男女同学间的友谊，要注意把握好交往的距离和程度，若陷入过深容易发展为早恋，超越正常异性交往的界限。

5. 早恋宜疏不宜堵

"哪个少男不钟情,哪个少女不怀春。"进入青春期以后,孩子的生理和心理逐渐成熟,情窦初开,开始对异性充满好奇,渴望得到异性的关注,因而也很容易步入早恋。

而妈妈一旦发现孩子有早恋的倾向,大都反应强烈,但又不知道应该如何引导。下面这位父亲的做法值得称赞。

一天,楚楚对爸爸说:"爸爸,我们班上的一个男生长得又帅学习又好,还特别会关心人,我很喜欢他,想和他在一起。"爸爸说:"好呀,那他对你有什么看法呢?"楚楚羞涩地说:"他也看上我了。""你会喜欢上一个男孩,说明你已经长大了,会欣赏别人了;你能被一个男生看中,说明你很优秀。如果你真的决定了,爸爸不会阻止你谈恋爱,但在此之前,爸爸得帮你把这件事分析清楚。如果你想以后一辈子都生活在这个小县城里,可以继续跟他交往;但如果你想以后去大城市发展,就不要在这里给自己留下牵绊;如果你希望自己有一天能出国,前往世界各地,更应该根据自己的志向来考虑这个问题。人各有志,你好好想想应该怎么办。"

楚楚的梦想是当一名外交官,在世界各地飞来飞去,如果现在就把自己的归宿定在这个小县城,的确有点为时过早。想清楚以后,楚楚很快就放弃了这段不理智的感情,而且再也没有过类似的困扰。

爱情之花是圣洁的,只有到了一定的年龄,才能够正确地理解它;只有懂得珍惜它的人,才能栽培并以真诚之水使之永远盛开。对于孩子来说,在爱情生长的土壤还不具备的时候,最明智的做法是筑好防线,这就需要妈妈的帮助。

当孩子与异性朋友交往,甚至对异性朋友产生好感时,妈妈不要随便给孩子扣上早恋的帽子,盲目进行"封杀"。这个时期对孩子来说最重要也最需要的其实是妈妈的正确引导。

首先,妈妈要尊重孩子之间的纯真情感和友谊,不要轻易给孩子贴上"早恋"的标签。孩子和某个异性朋友相处时间较长,表现得亲密一些,关系距离近一些,也是很正常的事情,这时孩子也许并没有认为自己在谈恋爱,心里也根本没有早恋的念头,只不过是对异性有好感或相处比较融洽而已。如果妈妈一发现就给孩子定性为早恋关系,对孩子们来说是非常尴尬的,不利于彼此间的交往,反而会破坏正常的友谊。

即便孩子出现了一些早恋的迹象,妈妈也要保持冷静,不能心急地进行干预。那种公开批评"早恋",采用强硬手段拆散孩子们的做法,更是不可取。因为这些做法很可能会引发孩子的情绪波动,从而心生逆反心理和负面情绪。所以,妈妈一定要弄清楚原因,再顺势引导,尽量做到以理服人。

当孩子陷入早恋或被感情困扰时,妈妈可以和孩子聊聊天,讲一讲有关爱情和婚姻方面的故事、道理、箴言等,让孩子明白,此情暂时不宜接受。眼下两个人前途未定,变数太多,最终成功的可能性极小。从情感上说,早恋大都是一时冲动,难以永久;在意志上,自制力差、感情用事,容易做出"越轨"的事情;从经济上看,远未具备恋爱的经济基础;从精力和时间上看,必然出现与分散学习精力、学习时间的矛盾现象,从而影响前途、丧失机遇,那就真是得不偿失了。

如果孩子太过迷恋对方而无法自拔,妈妈可以以提问的方式来给孩子指点迷津。比如,心中理想的爱情是什么样子的?幼儿园时喜欢的小朋友,到了小学还喜欢吗?小学喜欢的同学,到了中学还喜欢吗?通过引导让孩子明白,随着自己慢慢长大,喜欢的和需要的都会有所改变。未来有太多的不确定性,沉溺于早恋中,只会让自己受到更多的伤害。

妈妈还可以举一些例子来说明早恋的危害:早恋使不少优秀学生荒废了学业,毁了不少孩子的前程;早恋的男女学生通常热衷于单独待在一起,讨厌别人的干扰,也很少与班里的同学正常交往,长此以往,这种二人世界会逐渐脱离大众,把自己推到孤立的位置上去。

6. 在孩子面前不可谈"性"色变

青春期是孩子从儿童发育到成人的过渡阶段。随着青春期的到来，很多孩子会遇到一些"成长的烦恼"，如果他们能够早些接受适当的性教育，就不会因为自身正常发育产生的变化而感到尴尬、焦虑、茫然无措，甚至陷入苦恼、自责之中。

事实上，性既不神秘，也不龌龊。对于孩子的生长发育、身体变化因势利导地对孩子进行性教育，原本是再自然不过的事情，但这在很多家庭都被忽视了。生活中，面对孩子关于性方面的问题，很多妈妈不是粗暴应对、避而不谈，就是自作聪明地欺骗孩子。

石燕的儿子今年上初三，她曾遇到过这样的尴尬："大概是在六年级下学期，有一天儿子突然问我男孩与女孩的差别，还问我什么叫'遗精'、什么叫'特殊情况'，当时就把我给问住了。"

石燕当时的反应十分强烈，她把孩子批评了一顿，说他不该问这些与学习无关的问题。事后她又对自己的粗暴有些后悔："谁都经历过青春期，谁都有过好奇，我也觉得自己有些粗暴，想抽时间跟孩子谈谈这个问题，但是每次话到嘴边又不知道应该怎么说才好。"

终于有一天，石燕鼓足勇气想跟儿子好好聊聊这个话题，没想到当她提出这个话题的时候，儿子却很冷漠地看了她一眼，拒绝谈论这个话题。

青春期的孩子大多数愿意从父母那里了解一些性知识，认为这是父母关心、信任自己的体现。如果父母采取封闭的态度，或者没有做好心理准备，拒绝回答孩子提出的问题，孩子在好奇心的驱使下，可能通过互联网、书籍或其他途径来获得想要知道的知识，从而受到误导，陷入危险之中。

那么，妈妈应该如何与孩子谈性呢？关键在于妈妈自己是如何认识与看待性的。妈妈对性的看法，直接影响一个家庭对性的态度与氛围。买相关书籍、光碟，让孩子学习性知识，只是性教育的一部分，更重要的是培养孩子对性的正确态度。

妈妈首先要复习性的相关知识，想想当年自己青春期时身体的变化，明白遗精的标志、月经的意义、自慰的缘由等。

在谈话之前，妈妈要明白谈论这种话题并没有一个完美的方式，因为一个人所受的教育及其对两性关系的看法，决定了他对事物的理解。妈妈可以根据孩子的年龄、成熟度和需要来调整谈话的内容。在具体内容上，有的妈妈喜欢从生物的角度去解释，有的喜欢从情感上去解释，并没有统一的规则。

在跟孩子聊这个话题时，妈妈应注意不要过度分享，要把握一个原则，就是孩子问什么就回答什么，没有问的就不要说得太多。最好多听孩子问问题，因为通过孩子的问题，可以了解孩子知道的信息是从哪里获得的。

比较推荐的与孩子谈性的方法是，借助日常生活中某些与性有关的事情，比如报纸上相关的社会事件、学校里发生的相关事情或者电视节目，通过拉家常的方式，一方面了解孩子对性的态度与认识，另一方面谈谈自己对性的观点或相关的性知识。在这个过程中，妈妈一定要有足够的耐心，不可操之过急。青春期是人生第二叛逆期，硬灌硬塞的方法只会适得其反。

另外，在性这个问题上，请不要低估孩子，有时他们掌握的性知识并不比家长少。妈妈的一切做法都应以尊重孩子为前提。现实中，有的妈妈看到孩子看不良杂志或者视频等，可能会说出"不要脸"或者"下流"这样的话语，这对孩子的心灵会造成很大的创伤，使孩子产生逆反心理，甚至出现过激行为，比如离家出走或者辍学等，到那时妈妈后悔都来不及了。

7. 陪孩子一起追星

青少年正处于心理由不成熟向成熟过渡的时期，独立性增强，迫切需要模仿的对象，于是，一些出现在荧幕上的光鲜、亮丽的明星就成了他们的偶像。

偶像一般分为两种：一种是纯偶像，主要指那些青春偶像派明星，如歌星、影星、球星等，他们的形象大多经过商业包装，其完美的荧幕形象背后可能是各种负面新闻。对于这类明星的追求，常常导致青春期孩子追求外表的光鲜时尚，渴望一夜成名，幻想完美的爱情，崇尚拜金主义，不利于孩子形成正确的人生观、金钱观。另一种是榜样型偶像，主要指有杰出成就的社会名人。他们的个人气质、成就和人格魅力会感召青少年。从他们身上，孩子能学习到他们成功的经验和积极的人生态度。妈妈要多和孩子交流对偶像的看法，客观分析偶像身上的优缺点，引导孩子从偶像身上汲取正能量，从而丰富完善自己。

小西正在上初中，她很喜欢周笔畅，还参加了学校里组织的"笔迷"团，支持心中的偶像。她房间的墙壁上贴满了周笔畅的海报，嘴里经常说的都是周笔畅的动向。妈妈觉得女儿追星太疯狂了，好像有点过头，但是她并没有责备孩子，而是想弄清楚女儿到底为什么喜欢周笔畅。

妈妈开始跟小西一起听周笔畅的歌，她对女儿说："我也听听，我女儿喜欢的歌手一定有她的过人之处。"小西马上兴奋起来，滔滔不绝地说了起来。妈妈认真听了周笔畅的歌，唱功果然很好，感情也很真挚。她还了解到周笔畅的高考成绩是681分，当年是广东省艺术类考生的第二名，大三就过了英语六级，是个全面发展的才女。妈妈心中一动，找到切入点了。她和女儿共同探讨了周笔畅成功的原因，引导孩子在欣赏周笔畅多才多艺的同时，学习周笔畅为成才而拼命努力的精神。在妈妈的引导下，小西在学习上比过去更认真了。为了对小西进行深层次的教育，妈妈还积极为小西买了周笔畅演唱会的门票，这样一来，小西更加信赖妈妈了。妈妈也借机给小西讲了许多关于追星的道理。渐渐地，小西懂得了喜欢一个明星，还要看到和学习明星身上的闪光点。

孩子开始追星，表明他已经有了社会化倾向，这是成长的一个表现。当然，如果孩子崇拜偶像、追星到了痴迷的地步，难免会影响学习，甚至做出更疯狂的事情，这时妈妈一定要及时加以引导，帮助孩子走出误区。

为了避免孩子在追星过程中陷入盲目崇拜和模仿的误区，妈妈不妨加入其追星行列，和他一起追星。只有了解孩子喜欢的明星，才能和孩子一起谈论明星。而妈妈对明星的一些客观评价，可以对孩子的价值观起到潜移默化的作用。比如，有的明星醉酒驾车、有的吸毒、有的爱说脏话等，妈妈要引导孩子辩证地看待明星，知道明星也是人，也会有缺点，明星的每一句话、每一种行为并不都是对的。

如果孩子追星的行为是理性的，仅限于利用课余时间听听偶像的歌或是看看偶像主演的电影、偶尔花钱买几张明星海报、将偶像的照片贴在床头等，那么妈妈没有必要对这些能够给孩子减压、带来快乐的行为限制太多，否则容易使孩子产生逆反心理。

如果孩子追星已经严重影响学习成绩，甚至到了如痴如醉、走火入魔的程度，不但浪费了大量的时间和金钱，还危害了孩子的身心健康。这时，妈妈绝不能再一味迁就，应该帮助孩子合理安排学业和兴趣，将主要精力放在学习上。

此外，妈妈还可以带孩子去看高雅的艺术表演、去郊外运动爬山、去博物馆亲近历史等，用丰富多彩的业余生活来陶冶孩子的情操，培养孩子的生活情趣，从而分散孩子集中在明星身上的注意力，将精力转向现实生活。